¿Y Qué de los que no han oído?

Tres perspectivas sobre el destino de los no evangelizados

Edición a cargo de John Sanders

Contribuciones por
John Sanders
Gabriel Fackre
Ronald H. Nash

editorial
δουλος
evangelizadores en acciones

Tampa, Florida

Editorial Doulos
1008 E Hillsborough Ave
Tampa, Florida 33604
www.editorialdoulos.com
Correo electrónico: editor@editorialdoulos.com

Publicado originalmente en inglés con el título *What About Those Who Have Never Heard? Three Views on the Destiny of the Unevangelized* por Intervarsity Press, PO Box 1400, Downers Grove, IL 60515-1426. © 1995 por Gabriel Fackre, Ronald H. Nash y John Sanders. Traducido y publicado con permiso.

Traducción por Dr. Glenn A. Martínez

ISBN: 0692490167
ISBN-13: 9780692490167

Colección de Estudios Apologéticos
Número 2

INTRODUCCIÓN
John Sanders

¿Cuál es el destino de aquellos que mueren sin haber escuchado el evangelio? ¿Irán al infierno todos los que nacieron en culturas y regiones donde el evangelio no se ha proclamado? ¿Hay alguna oportunidad de salvación para aquellos que no han escuchado siquiera el nombre de Jesucristo?

Estas preguntas suscitan uno de los dilemas más provocativos y perennes enfrentadas por los cristianos. Es un dilema que se ha debatido entre filósofos y que se ha discutido entre la gente común. Es un tema que le interesa tanto al cristiano como al ateo. En las sociedades en que el cristianismo ha ejercido gran influencia, es un lugar común escuchar preguntas acerca del destino de los que mueren sin haber oído el evangelio. En mi experiencia, es la pregunta apologética de mayor interés entre los jóvenes universitarios.

Durante mi primer año en una universidad estatal, mis amigos y yo practicábamos el evangelismo personal con regularidad. En una de esas ocasiones, un joven incrédulo me preguntó capciosamente: Si Jesús es el único camino a la salvación ¿qué de todos aquellos que nunca han oído de él? En ese momento tenía poca experiencia como cristiano y, en verdad, no le tenía una buena respuesta. De todas maneras, le dije que era una muy buena pregunta y después le pregunté a mi pastor. El me refirió a algunos pasajes de las Escrituras y me advirtió que no tenía una opinión firme sobre el asunto. En los años que han pasado desde ese encuentro hasta la fecha se me ha hecho esa misma pregunta centenares de veces.

La Importancia del Asunto

¿Por qué es tan importante esta pregunta? Bueno, hay al menos tres razones que explican su importancia. Tal vez la razón más obvia es que la pregunta es una variante del antiguo y perenne *problema del mal*. Este dilema filosófico ha ocupado algunos de los mejores y más brillantes pensadores cristianos. El problema del mal comúnmente reza así: Si Dios es bondadoso, omnisciente y todopoderoso ¿por qué existe la maldad en el mundo? Su omnisciencia presupone su conocimiento de cómo erradicar la maldad del mundo. Su poder presupone que tiene la habilidad de erradicar la maldad del mundo. Su bondad presupone que desea erradicar la maldad. Entonces, si hay un Dios bueno, omnisciente y todopoderoso ¿por qué hay maldad en el mundo?

Una vertiente del problema del mal involucra el destino de los no evangelizados. A esta vertiente se le ha llamado *el problema soteriológico del mal* puesto que se enfoca en la doctrina de la salvación. Se pregunta: Si Jesús es el único Salvador y nadie se salva si no es por él, ¿cómo se puede decir que Dios es bueno si condena a aquellos que nunca han escuchado acerca de Jesús?

El gran teólogo del siglo IV, Agustín de Hipona[1], consideró esta misma pregunta. Su consideración fue en respuesta al filósofo secular Porfirio quien preguntó:

> Si Cristo se declara el único camino a la salvación, a la gracia y a la verdad, y si afirma que sólo en él hay un camino hacia a Dios ¿qué de aquellos que vivieron siglos antes de que Jesús apareciera? … ¿Qué le ha sucedido a incontables almas, que nada de culpa tenían puesto que el que vendría a ser el único camino a la salvación aún no se había revelado como tal?[2]

La pregunta de Porfirio es relevante no solamente a aquellos que vivieron antes de la venida de Jesucristo sino también a los que han muerto sin haber escuchado el evangelio.

Y esto nos lleva a la segunda razón por la importancia de este asunto. Una gran proporción de la raza humana ha muerto sin haber escuchado las buenas noticias del evangelio. Se estima que cien años después de la muerte de Cristo había una población de unos 181 millones de personas.[3] De ellos sólo un millón eran cristianos. También se estima que habían alrededor de 60,000 sociedades en las que el evangelio no había penetrado en ese momento. Se estima que en el año 1000 dC había una población de algunos 270 millones de habitantes. 50 millones de ellos eran cristianos. Se cree que habían alrededor de 50,000 sociedades en que el evangelio no había penetrado. En el año 1989 dC habían 5.2 miles de millones de habitantes en la tierra. Sólo 1.7 mil millones eran cristianos. Es más, aún quedaban unos 12,000 sociedades en el mundo en que el evangelio no había penetrado. También podemos pensar en todas esas personas que vivieron antes de la venida de Cristo y que nunca escucharon acerca de la nación de Israel y el pacto de Dios con ellos. No hay forma de saber exactamente cuantas personas han muerto sin haber escuchado de Israel o de la Iglesia, pero creo que me justifico en decir que la gran mayoría de personas que han existido han muerto sin haber oído el evangelio.

Puesto que los números son tan altos, la preocupación por el destino de los no evangelizados es de interés inmensa. ¿Qué podemos decir acerca de los miles de millones de almas que han vivido y muerto sin conocimiento alguno de la gracia divina manifestada en Jesús?

Una tercera razón por la importancia de esta pregunta es que muchos de nosotros, en estos tiempos de globalización, tenemos contacto con personas de otras culturas y religiones. Estos conocidos nos pueden llegar a preguntar acerca del destino de las almas de sus antepasados que no supieron de Jesús. Esto me sucedió a mí de una forma muy impactante. Nuestra hija adoptiva, que es de la India, nos preguntó consternadamente acerca de la salvación de sus padres naturales. ¿Había esperanza para ellos? Y ¿qué si no hubiera quien les predicara el Evangelio? Tales discusiones se han vuelto más comunes en el nuevo milenio debido a la creciente cercanía (presencial y virtual) de los habitantes del planeta.

Dos Creencias Cruciales

Con el contacto creciente entre grupos de personas, obtenemos mayor conocimiento acerca de otras religiones. Hay cierto estrés que viene junto con ese nuevo conocimiento. El nuevo conocimiento de una multiplicidad de religiones ha resultado en lo que Gabriel Fackre ha denominado una "insuficiencia cardiaca cristológica." Algunos autores contemporáneos como John Hick creen que para adaptarse a las sensibilidades globalizadas de la actualidad, debemos renunciar nuestras ideas acerca de la exclusividad de Jesucristo.[4] Jesús es uno entre muchos salvadores. Decir que Jesús es el único Salvador, afirman ellos, representa la cúspide de la arrogancia y de la intolerancia. El cristianismo se vuelve una simple faceta del eurocentrismo imperante en el mundo.

Los autores que hacen estas afirmaciones consideran que los autores de este libro son intolerantes y eurocéntricos. Los tres autores de este libro nos comprometemos con el evangelio en su forma escritural y nos rehusamos a sacrificar a la realidad de Jesucristo encarnado, crucificado y resucitado en el altar del pluralismo moderno. Al contrario, cada uno de nosotros afirmamos la finalidad y particularidad de Cristo. Por *finalidad* queremos decir que Jesús es la revelación plena y autoritativa del carácter y de la voluntad de Dios. No hay ninguna revelación que le sobrepasa. Por *particularidad* queremos decir que Jesús es el individuo único y particular a quien Dios ha designado como nuestro Salvador. La salvación viene única y exclusivamente de las acciones históricas de Dios en la vida, la muerte, la resurrección y la ascensión de Jesús.

Suelen citarse varios textos bíblicos para apoyar esta conclusión. En el libro de Hebreos, por ejemplo, leemos que Jesús no es un profeta sino el mismo Hijo de Dios que nos revela precisamente lo que quiere decir ser Dios (Hebreos 1:1-3). En el Evangelio de Juan, Jesús dice que quien lo vea a él también ve al Padre (Juan 14:9). Jesús, pues, es presentado en las Escrituras como el que revela verdadera y plenamente a Dios. Además, en la Biblia encontramos la afirmación que Jesús es el Salvador particular del mundo. No es por medio del Buda o de Mahoma u otra figura que Dios ha obrado decisivamente para salvar a la humanidad, sino que es por medio de Jesús de Nazaret. El libro de los Hechos proclama que no hay otro nombre aparte de Jesús bajo el cual el hombre se salva (Hechos 4:12) y Jesús mismo dice que nadie viene al Padre si no es por él (Juan 14:6). A la luz de tales versículos, los cristianos afirman la singularidad de la revelación y la redención que se encuentra en Jesús.

Otra creencia crucial tiene que ver con la extensión de la salvación. La Biblia claramente revela que Dios tiene el conocimiento y el poder para ofrecer la salvación a los pecadores. Además, la Biblia afirma que Dios es bueno – es bueno más allá de lo que nos podemos imaginar. Y este Dios bueno quiere salvar a pecadores. Hay innumerables textos bíblicos que revelan el deseo de Dios para salvar al pecador.

Pablo dice "murió por todos" (2 Corintios 5:15) y sostiene que el hecho redentor efectuado por Jesús resultó en la justificación de todos los hombres (Romanos 5:18). Para Pablo, Jesús es el punto focal de la gracia de Dios, lo cual lo hace "Salvador de todos los hombres, mayormente de los que creen" (1 Timoteo 4:10; Tito 2:11). Primera de Juan 2:2 declara que Jesús es "la propiciación por nuestros pecados; y no solamente por los nuestros, sino también por los de todo el mundo."

En el Nuevo Testamento a menudo encontramos referencias al deseo de Dios de salvar a pecadores. La segunda epístola de Pedro dice que Dios no quiere que ninguno perezca sino que todos vengan al arrepentimiento (3:9). Pablo dice lo mismo cuando escribe que Dios "quiere que todos los hombres sean salvos y vengan al conocimiento de la verdad" (1 Timoteo 2:4). Jesús mismo expresa esta idea al decir que su obra de expiación atraería a todos a él (Juan 12:32). Juan escribe que de tal manera amó Dios al mundo que dio a su Hijo unigénito para nuestra redención (Juan 3:16).

Estos textos hablan de la motivación de Dios de salvar a pecadores. Al colocar estos versículos junto a otros versículos que sostienen la salvación exclusiva por medio de Jesús, sin embargo, surgen ciertas preguntas. ¿Quiere Dios que todos se salven o solamente los que tienen fe en Cristo? ¿Es la expiación de Jesús solamente para cristianos o es también para aquellos que no se han convertido? Es un viejo debate y los lectores anotarán que los autores de este libro interpretan pasajes claves de las Escrituras de diferentes maneras.

Nash sostiene la posición que se conoce como la expiación limitada en que Jesús murió por un grupo definido de personas, o sea, los elegidos. La frase "todos los hombres" en los textos mencionados se entiende como toda la humanidad (sin distinción de raza, género, educación, idioma, etc.) y no como todo y cada hombre. Los pasajes que hablan del deseo de Dios de salvar a todos los que se arrepienten o que Dios amó al mundo, además, se interpretan como el deseo y el amor de Dios para con sus elegidos, no para con los hombres en general. Fackre y Sanders, por otro lado, afirman lo que se conoce como la expiación indefinida (o ilimitada) en que Jesús murió por cada individuo, cristiano o no cristiano. Interpretan pasajes que hablan del "mundo" y de "todos los hombres" como evidencia de que Dios quiere que todo individuo sea beneficiario de la obra de Cristo. Nuestras distintas interpretaciones de estos textos bíblicos nos conducen a diferentes perspectivas sobre el destino de los no evangelizados.

Las Perspectivas

Las creencias centrales que acabo de exponer – el deseo de Dios de salvar y la exclusividad de Jesús como Salvador (lo universal y lo particular) – constituyen el meollo del dilema acerca de los no evangelizados. Ciertamente tanto los grandes temas como los textos específicos de la Biblia iluminan el debate. Aunque la Biblia no trata el tema de forma sistemática, sí provee información crucial para llegar a una posición definida. Las tres perspectivas discutidas en este libro revelan distintas interpretaciones de las Escrituras.

Ronald Nash sostiene la perspectiva del *restrictivismo*. De acuerdo a esta posición, Dios ofrece salvación únicamente a través de Jesús y es necesario conocer la obra de Cristo y tener fe en él antes de morir para alcanzar la salvación. Dios ha apuntado a Jesús como el único medio de salvación. No hay otro camino a la salvación aparte del oír que viene por predicación del evangelio.

Notamos que a Nash le parece que los términos *exclusivismo* y *restricitivismo* son sinónimos. Esto es legítimo para nuestros propósitos en este libro siempre y cuando estemos alertados al hecho de que algunos ven estos términos como diferentes. En la literatura del pluralismo religioso, el *exclusivismo* designa la perspectiva de que el cristianismo ofrece la única opción para la salvación; todas las otras religiones son estériles en cuanto a la salvación divina y Dios no utiliza ninguna otra religión. Aunque el *exlcusivismo* afirma la exclusividad y finalidad de Jesús, no necesariamente implica el *restrictivismo* ya que algunos exclusivistas son universalistas y otros sostienen que hay oportunidad para salvación después de la muerte.[5] Tanto Karl Barth como Carl F.H. Henry son exclusivistas en cuanto a la relación entre el cristianismo y otras religiones, pero en cuanto a sus visiones acerca del destino de los no evangelizados están diametralmente opuestas. Henry es *restrictivista* mientras Barth cree en una salvación universal.[6]

John Sanders adopta la posición conocida como *inclusivismo*. Esta perspectiva sostiene que Dios salva al hombre por medio de la obra de Cristo pero el hombre no tiene que conocer a Cristo para gozar del beneficio de la salvación. Dios otorga salvación si hay fe en él según la revelación de la creación y la providencia.

Gabriel Fackre sostiene la posición que se llama *divina perseverancia* (también conocida como evangelización después de la muerte). Según esta postura, los que mueren sin haber sido evangelizado reciben una oportunidad de salvación después de la muerte. Dios no condena a nadie sin saber primero cual es su respuesta ante la buena noticia de Cristo.

Las tres perspectivas comparten puntos interesantes de convergencia y divergencia. Como ya hemos notado, todos afirman la finalidad y particularidad de la salvación en Jesucristo. El restrictivismo y el inclusivismo, a diferencia de la divina perseverancia, proponen que nuestros destinos están sellados en la muerte y que no existe oportunidad de salvación después de la muerte. El restrictivismo y la divina perseverancia, a diferencia del inclusivismo, sostienen que el conocimiento del evangelio es una condición necesaria para la salvación. El desacuerdo se encuentra en su visión del momento en que se presenta el mensaje. El inclusivismo difiere de las otras dos perspectivas en su visión de que Dios ofrece salvación aún cuando el evangelio no haya sido predicado. El inclusivismo y la divina perseverancia afirman que Dios hace que la salvación que viene por medio de Jesucristo sea disponible a todos los hombres que jamás hayan escuchado el evangelio, pero el restrictivismo sostiene que la salvación es únicamente para los elegidos.

Tenemos que hacer mención de que existen otras perspectivas acerca del destino de los no evangelizados que no se tratan de forma detallada en este libro. Se pueden resumir como sigue:

o   Algunos abogan por un agnosticismo completo. Sostienen que no existe suficiente información bíblica para contestar la pregunta.

o   Otros, como Santo Tomás de Aquino y Norman Geisler, creen que Dios enviará su evangelio a todos aquellos que responden positivamente a la revelación general. En otras palabras, Dios envía más luz a aquellos que responden a luz que se le es dada.

o   Algunos abogan por la posición del "conocimiento intermedio" que sostiene que Dios salva a aquellos que habrían creído si hubieran escuchado el evangelio. Como Dios sabe la respuesta de cada corazón a las buenas nuevas, Dios puede salvar según este conocimiento.

o   Algunos teólogos católicos romanos proponen una versión de la evangelización después de la muerte que denominan la teoría de la opción final. Creen que cada individuo, a la hora de morir, tiene un encuentro personal con Jesucristo y en ese encuentro todos tienen la opción de creer.

o   Teólogos como John R.W. Stott tienen optimismo que Dios salvará a la gran mayoría de la raza humana aunque reconocen que no saben cómo exactamente lo logrará. O sea, rehúsan abogar por un método de salvación en particular pero afirman que la salvación final será para la mayor parte de los hombres.

o   J.I. Packer parece ser más pesimista al respecto. Propone que Dios puede ofrecer salvación a una porción de los no evangelizados pero no sabemos cuántos ni cómo.

o   Otros proponen un universalismo completo en que absolutamente todos serán salvos por medio de Jesucristo. Los universalistas tales como Orígenes creen que Jesús eventualmente llevará a todos los pecadores a reconciliarse con el Padre.

o   Finalmente, existen los pluralistas unitivos. Estos van más allá del universalismo clásico y rechazan la exclusividad de la obra salvadora de Jesucristo. Mientras que los universalistas tradicionales dicen que todos los hombres serán salvos por medio de Jesús, los pluralistas unitivos dicen que esto implica que la mayoría de las religiones del mundo son incapaces de brindar salvación a sus propios adherentes aparte de Jesucristo. Los pluralistas unitivos como John Hick y Paul Knitter creen que la mayoría de las religiones del mundo son caminos válidos para la salvación. Afirman, además, que defender a Jesucristo como el único Salvador es una intolerancia y una ofensa a las demás religiones del mundo.[7]

Al término de esta introducción hemos incluido una gráfica que presenta en formato visual las diferencias entre estas perspectivas. La diversidad de opiniones acerca del destino de los no evangelizados – desde el restrictivismo hasta el universalismo – demuestra que hay un desacuerdo obvio entre cristianos tocante al tema.

Puntos de Concordancia

Al señalar estas diferencias, no obstante, no debemos ignorar el hecho de que hay gran concordancia entre los cristianos acerca de algunos puntos claves en este asunto. Todas las posiciones mencionadas anteriormente, con la excepción del pluralismo unitivo, se caracterizan por ciertas características comunes.

Todos afirman la finalidad y particularidad de Jesús para la revelación y la salvación. A lo largo de la historia de la iglesia ha existido consenso en este punto: Jesús es el único Salvador del mundo y es la revelación máxima de Dios.

El uso de las Escrituras como la fuente exclusiva de la revelación. Cada una de las perspectivas, salvo la del pluralismo unitivo, busca apoyo en las Escrituras para demostrar que es la perspectiva que mejor refleja la enseñanza del testimonio bíblico.

Precedente Histórico. Ninguna de las perspectivas mencionadas es novedosa en la historia de la iglesia. Los proponentes de cada perspectiva pueden generar listas impresionantes de adherentes dentro de la historia eclesiástica. Esto es importante por dos razones. Primero, porque corrige la amnesia histórica que suele surgir cuando descartamos la perspectiva de otro por ser muy novedosa o pasada de moda. Algunos cristianos no conocen ninguna de las perspectivas, así que es posible que una perspectiva en particular les parezca novedosa. En segundo lugar, demuestra que los cristianos nunca han logrado consenso en este importante pero difícil tema. Desde la Patrística hasta la fecha, los cristianos no han llegado a un acuerdo acerca del destino de aquellos que mueren sin haber oído el Evangelio de Jesucristo.[8]

En la iglesia no existe un consenso sobre el destino de los niños que mueren ni tampoco hay acuerdo en cuanto al destino de los que tienen discapacidades mentales. Mucho menos existe unidad de pensamiento en cuanto al destino de los no evangelizados.

¿Por qué el Desacuerdo?

Se puede preguntar justificadamente ¿Por qué no hay consenso en este tema? ¿Acaso no hay claridad de pensamiento en las Escrituras al respecto? Estas son buenas preguntas y vale la pena considerar varias respuestas en su orden respectivo.

En primer lugar, tenemos que recordar que hay una serie de temas en que la iglesia no ha llegado a un acuerdo. El bautismo, la Santa Cena y la escatología son tres ejemplos ilustres. Sin embargo, a pesar de nuestra falta de consenso en estos puntos, concordamos en un gran número de puntos de vista importantísimos. Lo mismo ocurre en el debate acerca del destino de los no evangelizados. Todos los cristianos ortodoxos están de acuerdo en que Dios desea salvar a pecadores, que Jesús es Dios encarnado cuyo ministerio hizo posible la redención, que los humanos son pecaminosos, que el evangelio es poderoso para salvar y que la Biblia es la autoridad final para la fe y la práctica. Estos son puntos de consenso importantes. En la ausencia de un consenso sobre estos puntos, la discusión sería muy diferente.

Una de las razones principales por la que no siempre llegamos a un acuerdo es que somos criaturas finitas. Tenemos un conocimiento y un entendimiento limitado. Nadie sabe todo pero nadie es totalmente ignorante tampoco. Esto quiere decir que nuestro entendimiento aun del texto bíblico es parcial. Aunque la Biblia es autoritativa e infalible, nuestra interpretación siempre será imperfecta.

Otro factor importante es que todos somos pecadores y el pecado afecta nuestro razonamiento. Es posible que al interpretar las Escrituras hemos sido influenciados por nuestros deseos pecaminosos. El orgullo, por ejemplo, puede impedir que aceptemos el argumento de un hermano. Sin embargo, no obstante nuestro pecado y nuestras limitaciones humanas, el Espíritu Santo continua obrando en nosotros para entender el mensaje de la Biblia y aplicarlo a los asuntos apremiantes de nuestros tiempos. Nos necesitamos el uno al otro, aún a nuestros opositores, en nuestro afán de conocer la verdad de Dios.

Aunque cada uno de los autores afirma la autoridad de las Escrituras, cada uno se aproxima a la Biblia desde una tradición hermenéutica particular. Traemos a la interpretación nuestro trasfondo, nuestros intereses y nuestros valores. Esto se ve en los textos que citamos y en la forma en que armamos nuestros argumentos. Los tres autores han desarrollado distintos modelos para explicar el destino de los no evangelizados en base a nuestra propia interpretación de la Biblia. Esto no tiene nada de malo. Simplemente admitimos que somos criaturas ubicados en culturas y tradiciones particulares que guían nuestro pensamiento y nuestras evaluaciones.

Cada uno de nosotros, por ejemplo, pertenecemos a una denominación evangélica particular. Es interesante, sin embargo, que nuestra afiliación denominacional no determina nuestra postura con respecto al destino de los no evangelizados. Dentro de la tradición Bautista, por ejemplo, hay representantes de las tres posiciones. Lo mismo se puede decir de los metodistas, los presbiterianos, los luteranos y muchas otras denominaciones.

Además, muchas de las categorías teológicas que dividen a los cristianos son prácticamente irrelevantes en cuanto a este asunto. El ser calvinista, arminiano, dispensacional, adherente de la teología del pacto, carismático, o lo que fuera puede teñir mi opinión pero no determinará el modelo que escojo en última instancia.[9] Algunos calvinistas, por ejemplo, afirman el restrictivismo mientras que otros optan por el inclusivismo y otros eligen el modelo de la perseverancia divina.

Lo que sí es importante en el modelo que uno escoge es su visión particular de la naturaleza de Dios (y particularmente la relación entre la ley divina y la justicia), la naturaleza de la iglesia, la importancia de la muerte física, el valor de la revelación de Dios en la creación, la naturaleza de la fe salvadora, los medios de la gracia, y el método más adecuado para hacer la teología. Nuestras posturas con respecto a estos asuntos afectará decisivamente la respuesta que damos a la pregunta: ¿Y qué de los que no han oído?

En otras palabras, no podemos debatir este tema sin suscitar preguntas relacionadas con otras doctrinas importantes. El tema del libro inevitablemente roza con otras áreas de la teología como la naturaleza de Dios, el papel del Espíritu Santo, la iglesia, la salvación, las misiones y la escatología.

Claramente existen múltiples perspectivas con respecto a este tema dentro de la iglesia. Los tres autores de este libro ilustran esa diversidad. Discordamos en nuestra opinión sobre el destino de los no evangelizados en parte porque tenemos distintas perspectivas sobre otros asuntos teológicos. Como resultado de esto, desarrollamos distintos modelos para explicar el destino de los que nunca han escuchado acerca de Jesús. Los lectores que se encuentran persuadidos por alguna posición particular en este libro probablemente comparten con el autor una serie de perspectivas teológicas adicionales.

El desacuerdo que existe entre los tres autores será evidente no sólo en nuestras exposiciones individuales sino también en los capítulos de respuesta que siguen a cada intervención. Después de que cada uno de nosotros exponemos nuestra posición, hay un espacio para que los otros autores cuestionen, critiquen y aclaren puntos esenciales acerca de la intervención del expositor. Es necesario aclarar que ninguno de nosotros piensa que nuestra posición puede ser probada contundentemente. Sin embargo, cada uno sí cree que su posición es más bíblico, más teológicamente consistente y más relevante en la práctica que los otros. La veracidad de nuestras posiciones estará en las manos de los lectores para decidir.

Vale la pena hacer algunos breves comentarios sobre la producción y naturaleza de este libro. Algunos pensarán que yo (Sanders) tuve una ventaja desigual como el encargado de la edición. Este no es el caso. Junto con el personal editorial de Intervarsity Press hicimos un esfuerzo enorme para asegurar la imparcialidad de todas las intervenciones. Aseguro, por ejemplo, que mi capítulo fue completado antes de que viera los capítulos de Nash y Fackre. Así también, Nash y Fackre tuvieron la oportunidad de leer y comentar sobre este capítulo introductorio para asegurar que en él no se prefiriera ninguna posición particular.

Esperamos que nuestros esfuerzos resulten en que el lector pueda tener un mejor entendimiento de las diferentes perspectivas sobre el destino de los no evangelizados. Aunque este libro no constituye la última palabra con respecto a este asunto, nuestra oración es que este libro le sirva como un recurso útil al pueblo de Dios al abordar este importante asunto.

Finalmente, ninguno de los tres autores cree que podemos saber con certeza quién será salvo y quién perecerá. Lo que sí podemos hacer es describir con claridad lo que diríamos si alguien nos preguntara: ¿Y qué de mis antepasados? ¿Hay alguna esperanza para su salvación?[9]

Comparación de las Perspectivas
sobre el Destino de los No Evangelizados

Perspectiva	Definición	Apoyo Bíblico	Adherentes
Restrictivismo	Dios no provee salvación a los que no han escuchado de Jesús y no se han arrepentido en fe.	Juan 14:6; Hechos 4:12; 1 Juan 5:11-12	San Agustín, Juan Calvino, Jonatán Edwards, Carl Henry, R.C. Sproul, Ronald Nash
Oportunidad universal antes de la muerte	Todos tienen la oportunidad de alcanza la salvación a través de la predicación del evangelio (aun por medio de ángeles o visiones) o al momento de morir o por medio del conocimiento intermedio	Daniel 2; Hechos 8	Santo Tomás de Aquino, Jacobus Arminius, John Henry Newman, J. Oliver Buswell, Norman Geisler, Robert Lightner
Inclusivismo	Los no evangelizados pueden alcanzar la salvación si responden en fe a Dios en base a la revelación que poseen	Juan 12:32; Hechos 10:43; 1 Timoteo 4:10	Justino Mártir, Juan Wesley, C.S. Lewis, Clark Pinnock, Wolfhart Panenberg, John Sanders
Perseverancia Divina	Los no evangelizados reciben una oportunidad para creer en Jesús después de la muerte	Juan 3:18; 1 Pedro 3:18-4:6	Clemente de Alejandría, George McDonald, Donald Bloesch, George Lindbeck, Stephen Davis, Gabriel Fackre
Universalismo	Todos serán salvos por Jesús. Nadie será condenado por la eternidad.	Romanos 5:18; 1 Corintios 15:22-28; 1 Juan 2:2	Orígenes, F.E. Schleiermacher, G.C. Berkouwer, William Barclay, Jacques Ellul

INCLUSIVISMO
John Sanders

El club de filosofía en la universidad local patrocinaba un coloquio sobre la naturaleza de Dios y, como me interesaba el tema, decidí asistir. Algunos de los estudiantes en la audiencia eran cristianos que ya conocía y algunos ateos asistieron también. Escuché a los conferencistas con interés, pero reservé mis comentarios, mientras que la conversación se intensificaba. Por fin, uno de los ateos dijo con voz de perplejidad: "La verdad es que no entiendo cómo alguien puede creer en Dios."

Aprovechando de la oportunidad, le pregunté "¿Cuál es el Dios en que usted no cree? Hay muchas concepciones de Dios en existencia. ¿En cuál de ellas dice no creer?"

El estudiante ateo replicó: "No creo en un Dios que condena al infierno a aquellos que nunca han oído de Jesucristo."

"Pero ¿quién dice que Dios hace eso?" le contesté.

"Los cristianos", me dijo "con tono de seriedad." Continuó: "Un compañero cristiano me dijo que aquellos que mueren sin haber oído de Jesús no pueden ser salvos. Los cristianos dicen que Dios es amor, pero yo no veo qué hay de amoroso en condenar a aquellos que no han tenido la oportunidad de creer. Ese es el Dios en que yo no creo."

Le contesté con calma. "Es muy cierto que algunos cristianos creen eso, pero no todos. Algunos de los pensadores cristianos más destacados, de hecho, creían que Dios hace que la salvación sea accesible a toda la humanidad. Entre ellos encontramos teólogos como Justino Mártir, Juan Wesley y C.S. Lewis. Además, nunca ha sido una enseñanza oficial ni de la iglesia católica ni de la protestante que los que mueren sin haber sido evangelizados no tendrán esperanza de la vida eterna. Y para serle honesto, yo tampoco creo eso."

Tuvimos la oportunidad de conversar después y el joven se asombró que algunos cristianos tenían una respuesta coherente a lo que a él le parecía una objeción decisiva en contra del cristianismo. De hecho, comenzó a reconsiderar su decepción ante el cristianismo diciendo, "Bueno, tal vez he descartado a Dios sin pensarlo bien."

La objeción de este joven es parte de los se conoce como el problema del mal con respecto a los no evangelizados (también conocido como el problema soteriológico del mal. ¿Cómo se puede decir que Dios es amoroso, omnisciente y todopoderoso si aquellos que mueren sin haber oído el evangelio no tienen oportunidad de ser salvos? ¿A caso Dios no desea la salvación de estas almas? Algunos cristianos le habían dicho a este joven que no había esperanza para aquellos que no han oído de Jesús. El, por su parte, erró en pensar que esta era la única posición entre los cristianos.

Afortunadamente, esta no es la única respuesta a la pregunta. En este ensayo mi argumento será que Dios desea genuinamente la salvación de todos y que la redención ofrecida por medio de Jesús es una oferta para todos.

El capítulo se divide en dos secciones. En el primer apartado, demostraré con base escritural que la misericordia de Dios nos da motivo de esperanza para la salvación de los no evangelizados. Dios ama a todos los pecadores y desea la redención de cada uno de ellos. En el siguiente apartado, desglosaré una visión de la "esperanza amplia" que se conoce como el *inclusivismo*. Esta posición pretende explicar cómo la salvación que se encuentra exclusivamente en Jesús puede estar a la disposición aun de aquellos que no han escuchado el evangelio.

La Esperanza Amplia

Al tratar el tema del destino de los no evangelizados, comienzo con dos enseñanzas de la Biblia. La primera tiene que ver con Jesús como la revelación suprema de Dios y la persona particular por medio de quien Dios ofrece redención a la raza humana. Jesús es la única y suprema revelación de Dios y es el único Salvador (Juan 14:6-9; Hechos 4:12; Hebreos 1:1-3). Además, Jesucristo es la norma o la meta de lo que el ser humano debería ser. En él encontramos el cumplimiento de nuestro destino, lo que en realidad significa ser humano. El es la imagen misma de la sustancia de Dios y también la imagen verdadera del hombre.

La obra de expiación del Señor Jesucristo en la cruz es absolutamente esencial para la salvación de todo ser humano que jamás haya vivido – aunque hubieran nacido dos mil años antes de Jesús o dos mil años después. Los escritores del Nuevo Testamento presentan una variedad de imágenes para describir la obra de Cristo y, en verdad, ninguna teoría de la expiación es capaz de captarlas todas. Vale la pena mencionar algunos puntos al respecto.

En primer lugar, era la voluntad del Padre – la buena voluntad del Padre – que Jesús se encarnara para que nos pudiera glorificar (Hebreos 2:10). Para redimir a la humanidad Dios se hizo hombre, pues como decían los padres apostólicos "lo que no se asume no se redime." Lo que querían decir con esto es que si el Hijo no hubiera sido realmente humano, entonces los humanos no podrían haber sido redimidos. Al hacerse hombre, el Hijo de Dios experimentó nuestro abandono, nuestra soledad y nuestro sufrimiento. Como resultado, el dolor del hombre ha penetrado el mismo corazón de Dios. Y así una de las barreras entre Dios y el hombre se ha derrumbado.

En segundo lugar, aun los líderes del Antiguo

Testamento como Moisés y Elías estaban en necesidad de la expiación de Jesús para alcanzar la salvación eterna. Es interesante que cuando Moisés y Elías hablaron con Jesús en la transfiguración, hablaron del éxodo que iba a cumplir en Jerusalén (Lucas 9:31). Jesús es el líder del nuevo éxodo o la nueva liberación del pecado. Sin la redención, toda la raza humana estaría bajo la esclavitud del pecado.

El libro de Hebreos añade a este punto cuando se refiere a Jesús como el Hijo que obtuvo de una vez por todas la eterna redención al entrar al tabernáculo celestial y al entregarse como un cordero sin mancha en sacrificio por nuestros pecados (9:11-28). El autor de Hebreos dice claramente que Jesús ha provisto el sacrificio pleno y completo de la expiación – sacrificio que no tiene igual. Jesús es el verdadero hombre que se arrepintió y murió vicariamente a favor de toda la humanidad y que ahora intercede por nosotros (Hebreos 2:17-18).

En tercer lugar, el Evangelio de Marcos declara que Jesús vino a dar su vida como salario por nuestro pecado (10:45). Jesús nos ha librado de toda condenación por el pecado.

En cuarto lugar, Jesús es victorioso sobre las fuerzas de la maldad en contra de Dios (Colosenses 2:15). Todas las fuerzas demoniacas fueron vencidas por la muerte y resurrección de Cristo – hazaña que se podía lograr únicamente a través de la encarnación de Dios.

En quinto lugar, Pablo dice que Jesús nos libera de la ira divina (1 Tesalonicenses 1:10) y de la penalidad del pecado (Romanos 6:23). En el pecado, el hombre toma el lugar de Dios. En la salvación, Dios toma el lugar del hombre. En Jesucristo, Dios absorbió nuestro pecado y sufrió el castigo por nuestra incredulidad. En Cristo, Dios reconcilió el mundo consigo mismo (2 Corintios 5:19). La expiación pudo haberse logrado, supongo, de muchas formas si así le hubiera placido a Dios. Pero

Dios decidió cumplir sus propósitos a través de la obra de su Hijo en Jesucristo. Por eso, sin la obra redentora de Cristo ningún hombre puede alcanzar la vida eterna.

Otra enseñanza bíblica que es muy importante en el asunto del destino de los no evangelizados tiene que ver con el deseo magnánimo de Dios de salvar a todos los hombres. Jesús murió por el pecado de todos (Romanos 5:18; 2 Corintios 5:15; 1 Juan 2:2). Además, Dios quiere que la salvación que ofrece Jesús esté al alcance de todo hombre. La voluntad de Dios es que todos compartan de esta bendición (Juan 12:32; 1 Timoteo 2:4). Dios no desea que nadie perezca sino que todos tengan vida eterna por medio del arrepentimiento (2 Pedro 3:9).

A menudo se quiere minimizar el deseo de Dios de salvar a todos los hombres haciendo resaltar los textos que hablan de la condena divina de los que no se arrepienten. Otra maniobra predilecta es decir que mientras Dios quizá quiera salvar a todos, el medio que existe para hacerlo es difícil de hallar. Por eso, no debe sorprender que algunos teólogos simplemente niegan que Dios quiere que todos se arrepientan. Pero si Dios no ofrece la salvación a todos ¿podemos tomar estos pasajes bíblicos en serio? Si Dios no hace un esfuerzo genuino para alcanzar a los no evangelizados, ¿se puede decir que desea que se arrepientan?

Un día mientras el Señor caminaba hacia a Jerusalén, alguien le preguntó "Señor, ¿son pocos los que se salvan?" Jesús le respondió que debía entrar por la puerta estrecha y luego contó la parábola de algunos que pensaban que se sentarían en la mesa en el reino de Dios pero que no tomarán ese lugar (Lucas 13:23-30). En Mateo vemos una exhortación semejante por parte del Señor: "Entrad por la puerta estrecha; porque ancha es la puerta, y espacioso el camino que lleva a la perdición y muchos son los que entran por ella; porque estrecha es la puerta, y angosto el camino que lleva a la vida, y pocos son los que la hallan" (7:13-14). También dijo "Porque muchos son llamados, y pocos escogidos" (Mateo 22:14).

Algunos cristianos han adoptado la posición de San Agustín quien dijo "los que permanecen bajo el juicio son más de los que son liberados de él."[1] Otros cristianos que han estudiado estos mismos textos llegan a una conclusión distinta. El teólogo del siglo XIX William G.T. Shedd, por ejemplo, comenta: "Dos errores han de evitarse. Primero, decir que todos los hombres son salvos. Y segundo, decir que sólo unos pocos son salvos."[2] Teólogos conservadores como B.B. Warfield y Charles Hodge han afirmado que "el número de personas que se pierde será casi igual al número de personas que se salva."[3]

Los restrictivistas, quienes creen que todos los que mueren sin haber sido evangelizados irán al infierno, utilizan el texto de la puerta estrecha y consideran ilegítima una esperanza amplia. Esta "doctrina de los pocos" ha servido, desafortunadamente, para crear una reacción con tendencia hacia al universalismo (o sea, la creencia que cada ser humano será salvo). Muchos han llegado a adoptar la postura universalista o, de hecho, han abandonado la fe debido a lo que se percibe como la enseñanza inflexible e injusta del restrictivismo. Rechazan la noción de un Dios que puede justamente condenar a los no evangelizados que no tienen otra alternativa aparte de no creer.

En lo que resta de este apartado, demostraré que los textos que sugieren una "doctrina de los pocos" en realidad no enseñan el restrictivismo. Explicaré que el amor de Dios demostrado en atraer a las personas a la salvación no es limitado sino que es extensivo. En primer lugar, se examinará la naturaleza radical del amor de Dios. Luego estableceré el principio que Dios incluye en gracia antes de que excluye en juicio. El apartado concluye con una examinación del tema de la "inversión" en la enseñanza de Jesús.

El Amor Radical de Dios

El profeta Isaías establece el punto de partida cuando dice "porque mis pensamientos no son vuestros pensamientos, ni vuestros caminos mis caminos" (55:8). En este pasaje no se refiere a las características generales de Dios y el hombre. El contexto del pasaje claramente señala que lo que quiere decir es: la gran diferencia entre Dios y la humanidad es que Dios está dispuesto a perdonar a los que le han ofendido. "Buscad a Jehová mientras puede ser hallado, llamadle en tanto que está cercano. Deje el impío su camino, y el hombre inicuo sus pensamientos, y vuélvase a Jehová, el cual tendrá de él misericordia, y al Dios nuestro, el cual será amplio en perdonar. Porque mis pensamientos no son vuestros pensamientos, ni vuestros caminos mis caminos" (Isaías 55:6-8). El amor de Dios es muy distinto al amor de los hombres. Dios ama al pecador que le ha ofendido.

Algunos dicen que el afecto divino es limitado a los pecadores israelitas. Los pecadores gentiles, como el Faraón del éxodo, están fuera del alcance del amor de Dios. Sin embargo, una lectura detenida del relato del éxodo revela que la gracia y el amor de Dios fueron manifestados al Faraón aún cuando fuere el opresor del pueblo de Israel. En Éxodo 5 Moisés y Aarón se presentan ante el Faraón y le dicen que Jehová, el Dios de Israel, demanda la liberación de su pueblo. Faraón responde que no conoce el Dios del cual habla Moisés. Los capítulos que siguen narran como Dios se reveló a si mismo a Faraón a través de las plagas (Éxodo 7:5, 17; 8:10). La palabra hebrea para "conocer" lleva la connotación de un conocimiento relacional y redentora. Jehová, el Dios de Israel, por lo tanto quería que Faraón y el pueblo egipcio experimentaran su verdad y su gracia. Las plagas, de hecho, revelan la impotencia de los dioses egipcios.[4] Al demostrar la impotencia de estos dioses, Jehová quiso liberar a los egipcios de su yugo y darles la oportunidad de arrepentirse. En otras palabras, las plagas son, en esencia, una obra de evangelización.[5]

El deseo y la acción de Dios es muy diferente a la del ser humano. El hombre no desea la salvación de quien le ofenda. El hombre, por lo general, busca la venganza y no la reconciliación. Pero el Dios de Israel y nuestro Padre celestial es diferente: busca la salvación de Faraón.

El endurecimiento del corazón de Faraón no anula esta visión ya que el endurecimiento del corazón no determina lo que va a suceder. La palabra hebrea para "endurecimiento" quiere decir fortalecer. Así que el endurecimiento no previene que se arrepienta. Esto se ve claramente en el hecho de que Dios endurece los corazones de los siervos de Faraón (Éxodo 10:1) pero aún así ellos entienden lo que Dios hace e imploran con el Faraón que libere a los israelitas (10:7).

En múltiples ocasiones, Dios usa una gramática condicional para con Faraón (8:2; 9:2; 10:4). Este lenguaje condicional estaría de sobra si el arrepentimiento por parte de Faraón fuera imposible. Lo que observamos es que la acción de Dios no tuvo impacto en las decisiones de Faraón. Las plagas tenían un propósito redentor y no únicamente retributivo. La verdad es que Dios nunca se ha deleitado en la destrucción de los malos. El castigo le sobrevino a los egipcios pero no antes de que Dios les diera múltiples oportunidades para arrepentirse.

El mismo punto lo observamos en el libro de Jonás donde leemos que Dios deseó la redención de los asirios que con tanta crueldad habían tratado a los israelitas. Muchos de nosotros nos parecemos más a Jonás que a Dios. Queremos justicia y juicio para los viles; no queremos evangelizarlos.

En el Nuevo Testamento vemos la misma enseñanza que en los pasajes del Antiguo Testamento. En Romanos, el apóstol Pablo declara que Cristo murió para aquellos que estaban sin Dios, que eran pecadores y enemigos de Dios (5:6-10). Dios ama al pecador. Dios desea redimir a los pecadores. Pablo y Pedro concuerdan en que Dios no quiere que ninguno perezca pero que todos compartan de la vida eterna (1 Timoteo 2:4; 2 Pedro 3:9). Tanto amó el Padre al mundo que su hijo unigénito fue encarnado e hizo todo lo que necesitábamos para la redención. Jesús amó a los que a él le odiaban. "¡Jerusalén, Jerusalén, que matas a los profetas y apedreas a los que te son enviados! ¡Cuántas veces quise juntar a tus hijos, como la gallina a sus polluelos debajo de sus alas y no quisiste!" (Lucas 13:34).[6]

Lucas elabora este tema con perspicacia en el capítulo 15 de su evangelio. Jesús había estado cenando con unos publicanos y pecadores. El término "pecador" en el judaísmo era un término de exclusión utilizado para referirse a aquellos judíos que habían transgredido la ley de Dios. Estas personas no merecían nada de la gracia de Dios y ya no eran parte del pueblo de Dios. Los fariseos consideraban que estas personas no tendrían parte alguna en el reino de Dios. Se ofendieron cuando vieron que Jesús se sentaba a la mesa con ellos. Eso quería decir que Jesús aceptaba el comportamiento de estos pecadores. Jesús les responde a su ofensa contándoles la parábola de la oveja perdida y del talento perdido. Estas parábolas encierran la verdad de que Dios busca activamente a los perdidos.

Pero la parábola del hijo pródigo es una de las expresiones más sucintas y poderosas de las profundidades del amor y la gracia de Dios.[7] En esta parábola el hijo menor le dice a su padre que quisiera que estuviera muerto para así tener toda su herencia ahora. Si a mi me dijera algo así un hijo mío, me horrorizaría. Un padre del medio oriente estaría aun más furioso. El público del medio oriente que escucha la parábola espera que el padre denuncie a su hijo en ese momento y que lo coloque fuera de su herencia para siempre. Al contrario, el padre le da al hijo lo que desea.

Después de un tiempo el hijo se encuentra en bancarrota y decide regresar a su padre, no como hijo sino como obrero. Otra vez, aquí el público del medio oriente espera que el hijo será expuesto a la humillación pública del pueblo y de su padre. Jesús desafía estas expectativas: "y levantándose, vino a su padre. Y cuando aún estaba lejos, lo vio su padre, y fue movido a misericordia, y corrió, y se echó sobre su cuello y le besó" (Lucas 15:20). El padre previene el escarnio del pueblo. De hecho, se humilla a si mismo corriendo hacia a su hijo – acto que era considerado indigno en aquella cultura.

Cuando el hijo se postra a los pies de su padre, lo detiene y manda a traer sus mejores vestidos y le hace una fiesta. Estas acciones le hubieran confirmado al pueblo que el padre ha aceptado plenamente a su hijo.

Cuando el hijo mayor regresa del campo y se da cuenta que había fiesta, se quedó afuera de la casa en vez de entrar y cumplir con sus deberes de ayudar en el quehacer hospitalario. Ahora, el padre otra vez se humilla saliendo de la casa para encontrar a su hijo mayor. Cuando el hijo mayor habla con el padre, le falta el respeto por omitir su título debido. Y ni siquiera admite que el hijo menor es su hermano. Los fariseos, acuérdense, no pensaban que los pecadores eran parte del pueblo de Dios. Sin embargo, el padre ignora estos insultos y le dice con ternura "hijo." De esa manera le demuestra también al hijo mayor que es aceptado.

En esta parábola el padre representa a Dios. Ambos hijos insultan públicamente a su padre, y en ambos casos, el padre, por gracia, se humilla a sí mismo y busca la reconciliación con sus hijos. Aunque éramos pecadores, Dios en su amor y su gracia, nos invita a regresar a él. Sus caminos no son nuestros caminos.

Inclusión por encima de Exclusión

Este mismo amor reconciliador se encuentra aun en las

enseñanzas de Jesús sobre el juicio. Vale la pena observar que Jesús comparte todas las parábolas de juicio en los últimos días antes de su muerte.[8] Por lo tanto, estas parábolas deben ser interpretadas a la luz del ministerio de gracia que estaba por cumplirse. Cuando las interpretamos así, nos damos cuenta que el propósito de juicio es precisamente para el perdón. Estas parábolas todas enfatizan la inclusión por encima de la exclusión, la gracia por encima de la ira, la aceptación por encima del rechazo. En realidad, nos enseñan estas parábolas que nadie es excluido de la gracia de Dios que antes no ha sido incluido en la misma gracia.

La parábola de la fiesta de bodas en Mateo 22 es una ilustración perfecta. El contexto del capítulo 21 revela que las autoridades religiosas han rechazado el título mesiánico de Jesús y que él les está diciendo que por eso el reino de Dios les será arrebatado (Mateo 21:31-46). El contexto más amplio de este pasaje lo encontramos en la fiesta mesiánica descrita en Isaías 25:6-9 donde leemos que judío y gentil comerán juntos en la presencia de Dios.[9] Ya para la época neotestamentaria, la visión abarcadora de Isaías se había limitado de modo que se esperaba que los gentiles serían mayormente excluidos de las fiestas mesiánicas. Aparentemente, los líderes religiosos de la época de Jesús también esperaban una fiesta exclusiva con una lista corta de invitados.

En la parábola, Jesús cuenta que un rey mandó a sus siervos a informar a sus invitados que era hora que vinieran para celebrar las bodas de su hijo. Las invitaciones iniciales se habían mandado hace tiempo ya. Todos seguramente lo habrían anotado en su agenda. Pero por alguna razón los invitados no quisieron ir a la fiesta. Haciendo caso omiso de este insulto, el rey manda a sus siervos que inviten a todos. Otra vez rehúsan. Algunos se ocupan con sus negocios, otros abusan verbalmente de los siervos.

Lo que Jesús está enseñando en esta parábola es que de la misma manera en que los profetas del Antiguo Testamento habían sido rechazados, así también el Hijo del Rey está siendo rechazado. Los líderes religiosos rehúsan la invitación a la fiesta mesiánica si Jesucristo es el Mesías. Su actitud es que si es Jesús el que se casa, no desean asistir a la fiesta de bodas.

El rey toma este rechazo como un insulto, así que ordena que todos los que rehusaron de la invitación sean destruidos. Jesús nos está diciendo que viene un momento en que el rechazo de la gracia tiene que ser confrontado. Cuando la gracia se rechaza – hasta el punto de asesinar los siervos del rey - ¿qué más queda? El juicio viene para aquellos que desprecian la gracia de Dios.

El rey no tenía ninguna obligación de invitar a estas personas. Lo hace como gesto de su gran generosidad. Asimismo, Jesús invita a las personas a compartir de la vida nueva que él ofrece. Si la vida que Jesús ofrece es rechazada, ¿qué más queda que la muerte? La fiesta mesiánica es únicamente para los vivos.

La parábola no termina aquí. El rey desea su fiesta y por lo tanto envía sus siervos a invitar a todos a la fiesta. Las invitaciones son indiscriminados – se invitan juntamente malos y buenos (v. 10). De la misma manera, Dios no invita únicamente a los buenos. Invita a todos, incluyendo los pecadores, a confiar y reposar en su amor y su gracia.

Y los invitados llegaron a la fiesta del rey. Llegaron tantos que "las bodas fueron llenas de convidados." Mientras que los pocos de la nobleza rehusaron ir, el salón se llena de la gente común.

Aquí el retrato de Dios es el de un rey poco común. ¿Qué rey humano invitaría a la gente común a su fiesta? ¿Qué rey se dejaría humillar de esa manera?

Inesperadamente, sin embargo, sucedió un problema en la fiesta. Un individuo pensó que podría llegar a la fiesta de la forma que le placiera. Cuando llegó el rey, vio que había un invitado que no llevaba ropa de boda. El rey exigió una explicación, pero el hombre permaneció callado. De hecho, rehusó la gracia del rey al no entrar en diálogo con él. Es claro que mientras el rey mostró amor y gracia con este hombre, el hombre quiso recibir este amor y gracia en sus propios términos. Consecuentemente, es echado de la fiesta pues nunca hay una excusa válida por rehusar la gracia.

Entonces Jesús dice "porque muchos son llamados y pocos escogidos" (v. 14). Esto parece no concordar con la parábola ya que el contraste era entre aquellos que habían recibido la invitación y la multitud que la aceptó. Muchos comentaristas, de hecho, sugieren que esta coda de la parábola no es más que un dicho popular de la época.[10] ¿Pero qué quiere decir? Yo creo que Jesús está invirtiendo este dicho popular y lo está usando para confrontar a aquellos que pensaban que sin lugar a duda estarían en la lista de los invitados a las fiestas mesiánicas. Las autoridades religiosas habían sido invitados a la fiesta años antes de la venida de Jesús. Pero aun así le han rechazado. De esta manera, pues, Jesús toma un dicho popular que los líderes religiosos interpretaban como una afirmación de su exclusividad y se lo aplica a ellos mismos – diciendo, en efecto, que las autoridades religiosas no estaban invitados a la fiesta pero que los pecadores sí estaban invitados. Aunque los fariseos habían sido llamados, no eran escogidos porque rechazaron la gracia de Dios.

Para nuestros propósitos en este estudio, es importante notar que tanto los convidados como la gente común son receptores de la gracia inmerecida del rey. Robert Farrar Capon lo explica así:

Nadie en la parábola está fuera del alcance del favor del rey. Todos, de acuerdo a la perspectiva del rey, están invitados. O sea, nadie es excluido del reino que no estaba ya incluido. El infierno puede ser una opción; pero si lo es, es la que se nos da una vez que ya hemos sido invitados a estar en los lugares celestiales con Cristo.[11]

Esto puede sonarnos rudo y antitético al amor de Dios. Pero en el fondo, lo que quiere decir es que no estamos completamente convencidos de la idea de la gracia divina. Algunos preferimos nuestras obras. Aunque nuestras obras no ameriten salvación, como quiera queremos que los demás perezcan por sus pecados. Al contrario, los que proclamamos deleite en la gracia de Dios para con los pecadores pero al mismo tiempo deseamos que esa gracia sea difícil de hallar tendemos a pensar que Dios debe salvaguardar su gracia dentro de la iglesia.

Pero esto no es el camino ni el pensamiento de Dios. El Dios de la Biblia es asombroso: incluye a todos en su gracia y derrama juicio únicamente sobre aquello que han rechazado la gracia. Dios ya ha aceptado a la humanidad y ya ha reconciliado a cada individuo a sí mismo. Lo que sucede es que no todos aceptan su paz reconciliadora. Los salvos responden en fe a las múltiples gracias de Dios. Los que perecen, perecerán por su rechazo de la gracia de Dios. Por el sacrificio de Cristo, Dios acepta a todos. Sólo aquellos que primero rechazan a Dios serán rechazados por Dios.

La Gran Inversión

No cabe duda que Jesús predicó acerca de la condenación eterna. Pero su exhortación no se dirigía al grupo que los líderes religiosos esperaban. Al contrario, a los que eran considerados marginados les dio esperanza. Fue a los que se consideraban elegidos los que fueron desafiados por la enseñanza de Jesús. Muchos judíos pensaban que estarían en la mesa de la fiesta mesiánica simplemente porque eran judíos. Algunos creían que eran pocos los que se salvarían y que Dios se deleitaba en ese grupo exclusivo (véase el libro deuterocanónico 4 Esdras 7:55-61). Debido a estas corrientes de pensamiento, no nos sorprende que alguien le hubiera preguntado a Jesús, ¿Son pocos los que serán salvos? (Lucas 13:23). Pero en vez de contestar la pregunta y aclarar la duda, Jesús confronta al individuo con la necesidad de saber si él es salvo. En vez de decirle cuántos serán salvos, Jesús habla más bien de la identidad de los salvos (vv. 24-30). Al hacerlo, Jesús otra vez usa la metáfora de una fiesta.

En la cultura del antiguo medio oriente era costumbre de que una vez que todos los invitados estuvieran en la casa, el anfitrión cerraría la puerta. En esta parábola, entonces, vemos que cuando llegan algunos invitados encuentran la puerta cerrada. Tocan a la puerta y solicitan entrar. El anfitrión, sin embargo, dice no conocerles. Ellos protestan diciendo "comimos y bebimos contigo y predicaste en nuestras calles" (v. 26). Otra vez el anfitrión indica que no los conoce y les pide que se vayan.

Robert Farrar Capon explica: "la cruda afirmación … 'nunca os conocí' es simplemente la realidad de su condición. No dice 'nunca os llamé.' Tampoco dice 'nunca os amé.' No dice 'nunca os atraje.' Simplemente dice 'nunca os conocí, pues vosotros nunca quisieron conocerme.'[12]

Jesús entonces declara que algunos de los oyentes estarán en la desdicha cuando se den cuenta que en la fiesta mesiánica están los patriarcas y los profetas pero ellos no tienen entrada. Y por si fuera poco, Jesús añade que vendrán convidados de toda la tierra para compartir de la mesa mientras que los que creían tener derecho a sentarse en la mesa no serán admitidos. Concluye diciendo que el primero será el último y último será el primero.

Está parábola seguramente dejó a sus oyentes anonadados. Era inimaginable pensar que los judíos serían excluidos del banquete con el Mesías en la vida venidera. La misma sorpresa han de haber compartido los oyentes en Mateo 8 cuando Jesús, conmovido por la fe del centurión, dice que no ha encontrado tal fe en ningún israelita (v. 10). Procede a indicar que *muchos* vendrán de todo el mundo a la fiesta mesiánica pero que las autoridades judías serían excluidos. De hecho, aun los que profetizan, echan fuera demonios y hacen milagros pueden ser excluidos (ver Mateo 7:21-23).

En el otro extremo encontramos a aquellos que no saben que Dios los ha incluido y aceptado. Cuando las ovejas se separan de las cabras, parece que las ovejas se sorprenden de que sirven al Señor (Mateo 25:31-46). Las ovejas son aceptados por el pastor porque confían en él y porque manifiestan esa confianza en sus acciones.

Pero aun hay aquellos que creen que sin lugar a dudas son parte del reino. ¿Cómo no, si dicen todo lo adecuado y actúan de la forma correcta? Pero Jesús invierte lo que esperan escuchar. La auto-confianza queda corta mientras que a aquellos que jamás lo hubieran pensado les ofrece esperanza. Los cristianos conservadores necesitan escuchar este mensaje. Muchas veces no aplicamos estos textos a nosotros mismos. Lo que sí hacemos es que los usamos para excluir a los demás de la gracia de Dios – especialmente a los no evangelizados.

La enseñanza de Jesús acerca de los pocos ocurre precisamente en este contexto de la inversión y no se debe entender como una condenación de la gran mayoría de la raza humana. De hecho, notamos en otras partes de los Evangelios que dice que muchos de todas las naciones serán aceptados en el reino y compara el reino con un campo de trigo (Mateo 12:24-30).[13] En Apocalipsis 5:9 y 7:9 se hace referencia a una gran multitud. Parece que el cielo no carecerá de población.[14] El Buen Pastor, que dio su vida por sus ovejas, dijo "y yo, si fuere levantado de la tierra, a todos atraeré a mí mismo" (Juan 12:32). Jesús separará las ovejas de las cabras pero no debemos de convertir al pastor en un lobo. Además, el Padre del pastor es el Dios que "de tal manera amó al mundo" que deseó que todos fueran salvos. Dios demuestra compasión para con los pecadores y se humilla a sí mismo invitando a todos que compartan en la vida eterna que él ofrece.

He intentado demostrar que los pasajes acerca de los pocos están en armonía con el deseo de Dios para una salvación universal. Por eso, estos pasajes no dejan sin esperanza a los no evangelizados. Al contrario, parecen alentar a aquellos que sí han sido evangelizados a buscar una relación más profunda con él. Las parábolas en estos pasajes retratan a Dios en papeles humanos familiares. Dios es un padre, un rey, un juez y un pastor. Pero sus acciones son lejos de las acciones de los humanos que ejercen estos papeles. Sus caminos no son los nuestros porque él ama a sus enemigos, perdona a los pecadores y se humilla a sí mismo. Dios incluye a todos en la gracia antes de que los excluye. Dios acepta a todos los pecadores. Desafortunadamente, hay algunos que quieren la reconciliación con Dios en sus propios términos. Habrá juicio y exclusión, pero no será porque los excluidos nunca fueron incluidos. Dios ofrece gracia inclusiva a todos y pide únicamente que le creen y que confíen en él.

La anchura del amor y la misericordia de Dios hacia a los pecadores es verdaderamente asombroso – sus caminos, en verdad, no son nuestros caminos.[15]

Inclusivismo

Así que Dios es rico en misericordia. Pero ¿cómo es que Dios demuestra la gracia redentora a aquellos que mueren sin haber escuchado las buenas nuevas de Jesús el Salvador? Si Dios en verdad ama a los no evangelizados y desea su salvación, ¿existe una forma en que pueden ser salvos?

La perspectiva inclusivista[16] propone que el Padre

alcanza a los no evangelizados a través del Hijo y del Espíritu en una revelación general en la conciencia y la cultura humana. Dios no carece de testigos en ningún grupo de seres humanos. La salvación para los no evangelizados proviene de la obra expiatoria de Jesús pero Dios lo aplica en ausencia de un conocimiento explícito de la cruz. Dios hace esto cuando las personas responden con fe a la revelación que tienen. En otras palabras, los no evangelizados pueden ser salvos por los méritos de Jesucristo si responden en fe al Dios que los creó.

El Principio de la Fe

La epístola a los Hebreos dice que sin fe no podemos agradar a Dios, que la fe es creer que Dios existe y que Dios recompensa a aquellos que le buscan (11:6). Si a mí me pidieran que resumiera lo que dice la Biblia acerca de la fe, diría que la fe involucra tres elementos: la verdad, la confianza y la acción eficaz. La fe genuina en Dios contiene algo de verdad sobre Dios ya sea que esa verdad provenga de la Biblia o de la obra de Dios en la creación. La fe quiere decir que una persona responde confiadamente al dador de la verdad. Si alguien genuinamente cree en Dios, intentará vivir esa creencia en su vida diaria. Es un absurdo decir: "confío en Dios pero no quiero poner esa verdad en acción en mi vida." La fe bíblica quiere decir que creemos la verdad que Dios nos ha revelado, que confiamos que Dios tiene cuidado de nosotros y que ponemos la verdad que tenemos en acción.

La mayoría de los cristianos aceptan este entendimiento de la fe. Las diferencias surgen en cuanto al *contenido* de lo que uno debe conocer para tener una relación salvífica con Dios. Algunos cristianos sostienen que sólo el conocimiento de la totalidad del evangelio nos puede salvar. Pero ¿es el conocimiento lo que nos salva o es la salvación la obra de Dios? Dios es el que salva y lo hace a pesar de los distintos y divergentes conocimientos teológicos que posee el individuo. Las personas son aceptables ante Dios si responden en fe, no importa que tan limitado sea su conocimiento teológico. Dios juzga en base a la luz que tienen y como responden a esa luz. El teólogo presbiteriano J. Gresham Machen dijo alguna vez: "nadie sabe cuan poco se puede creer y aun ser salvo."[17]

Una vez estaba yo de pesca con unos amigos cuando sobrevino una gran tormenta. Remamos a la orilla del lago y allí, afortunadamente, encontramos una vieja cabaña. Aunque estaba cerrado, permanecimos bajo la azotea de la cabaña hasta que la tormenta pasó. La azotea de la cabaña nos sirvió aunque no tuvimos entrada plena ni supimos quien lo construyó o quien vivía allí. Si el Espíritu Santo guía a una persona a un albergue, pueden aprovechar ese albergue aunque no tengan entrada plena.

Sin embargo, hay quienes creen que estar en la azotea no es suficiente para la salvación. Para ser salvo, dicen ellos, uno tiene que conocer los hechos históricos acerca de Jesús, su muerte y su resurrección y tienen que entender doctrinas como la expiación. Este argumento revela una definición intelectualista de la fe. La fe se entiende primordialmente como un asunto de entender doctrinas en vez de ser principalmente el cultivo de una relación con Dios. Esta interpretación tergiversada de la fe bíblica tiene afinidades con el gnosticismo en que la salvación proviene de cierto conocimiento que adquiere el adherente. Tal visión de la fe sugiere que el problema mayor del hombre es la ignorancia y que ese problema se resuelve cuando adquirimos cierto conocimiento – o sea, la salvación es por el saber.

Uno de los problemas mayores de esta visión de la fe es la salvación de aquellos que vivieron antes de que Jesús muriera y resucitara. Los que adoptan esta visión restrictivista por lo general admiten la salvación de los que vivieron antes de Jesús pero insisten que después de la resurrección, el conocimiento de este hecho es imprescindible para la salvación. Los gentiles y judíos que temían a Dios pero que murieron tan solo diez minutos antes de Jesús quedan en una posición de desgracia – condenados a vivir eternamente en el infierno tan por solo por haber muerto antes de que se desarrollara una teología cristiana.[18] Pero, ¿qué pasa si decimos que tales personas constituyen una excepción? ¿Por qué no se aplica esa misma excepción a todos los demás que murieron antes de oír el evangelio?

No me opongo al conocimiento. De hecho, mi definición de la fe incluye el conocimiento. A lo que sí me opongo es el *grado* de conocimiento necesario para tener una relación de confianza salvífica con el Dios de toda gracia. El problema central de la salvación no es el conocimiento de Dios. El problema central es la fe en Dios. Es más importante tener una actitud correcta hacia a Dios que saberse toda la información doctrinal.

Los no evangelizados pueden reconciliarse con Dios en base a la obra de Jesús aunque sean ignorante de Jesús. Yo clasifico a estos como "creyentes" en Dios. A los que sí han sido evangelizados, los clasifico como cristianos. A pesar de esta distinción, hay un continuo entre creyentes y cristianos y es a este continuo que nos referiremos ahora.

Los Creyentes Premesiánicos

La información acerca del Mesías venidero se va desenvolviendo a lo largo del Antiguo Testamento. Pero aun así, la mayoría de los judíos de esa época no entendían que el Mesías traería la redención a través del sacrificio expiatorio. Tampoco miraban al Mesías como el objeto de su fe. Al contrario, "clamaban al Señor" quien les ofrecía perdón. Estos creyentes no entendían el plan redentor de Dios de la misma manera que los cristianos. Tampoco tenían la certeza que tenemos acerca del amor divino. Sin embargo, aun con esas limitaciones podían entrar en una relación de confianza y fe con Dios tal como lo hacen hoy en día los cristianos. La razón es porque el enfoque de la fe y la confianza es el mismo Dios.

Abraham, por ejemplo, confió en Dios que le diera un hijo aun en su vejez y la Biblia dice que Dios le atribuyó justicia debido a su confianza (Génesis 15:6). Gedeón confió que Dios estaría con él en la batalla y Sansón le pidió a Dios que le ayudara a destruir el templo. Estos hombres de fe (Hebreos 11) tenían información parcial acerca de Dios así lo que creyeron variaba tanto entre ellos mismos como entre ellos y nosotros. Pero aunque el contenido de su fe era diferente, su confianza estaba depositada en el mismo Dios. El Apóstol Pablo enfatiza este punto en Romanos 4 donde dice que creyentes como Abraham y David fueron justificados por la fe y fueron salvos porque es el mismo Dios que ofrece salvación no importa la época en que hayan vivido. Los cristianos, claro está, tienen la gran bendición de saber que Dios resucitó a su Hijo de los muertos para nuestra justificación – un detalle que no conocían Abraham ni David.

La historia de la conversión de Cornelio de creyente a cristiano en Hechos 10 ilustra estas ideas. Cornelio era un centurión romano. Temía a Dios y daba limosna y oraba a Dios continuamente (vv. 1-2). De hecho, un ángel le confirma que Dios considera su oración y su limosna como una ofrenda memorial (v. 4). Dios ama a este creyente y desea su salvación. Por eso, le instruye a buscar al Apóstol Pedro quien compartirá con él las buenas nuevas de lo que Dios ha hecho por medio de Jesús.

Esta instrucción le molesta a Pedro ya que cree que los gentiles no pueden llegar a ser cristianos sin antes convertirse en judíos. Sin embargo, por medio de esta experiencia Dios le enseña a decir: "En verdad comprendo que Dios no hace acepción de personas, sino que en toda nación se agrada del que le teme y hace justicia" (vv. 34-35). Pedro ahora comprende que Dios acepta a todo aquel que confía en El y que busca agradarle según su nivel de conocimiento. El expositor bíblico G. Campbell Morgan comentó este pasaje diciendo: "Ningún hombre se salva porque entiende la doctrina de la expiación. El hombre es salvo, no porque entiende, sino porque teme a Dios y hace justicia."[19]

Algunos rechazan la apelación a creyentes como Abraham y Cornelio diciendo que no son ejemplos de personas que carecen totalmente del Evangelio. Cada uno tenía alguna especie de revelación de Dios que la mayoría de los no evangelizados no tienen. Generalmente se cita a Hechos 11:14 para apoyar esta posición: "[Pedro] te hablará palabras por las cuales serás salvo tú, y toda tu casa." Pero en la Biblia encontramos que la salvación tiene un pasado, un presente y un futuro. Por ejemplo, Pablo les puede decir a los cristianos en Roma que esperan su salvación aunque ya eran salvos. Desde esta perspectiva, Pedro fue enviado a Cornelio con el fin de informarle cómo su salvación futura fue consumida, por medio de Jesús de quien hablaron los profetas. Además, aunque Cornelio era creyente, es posible que algunos miembros de su familia no lo eran. Por ello, Pedro fue enviado con el mensaje del Evangelio para que toda su casa fuera salvo. Cornelio era un creyente salvado antes de que llegara Pedro y recibió todas las bendiciones que acompañan la relación con Jesús. Algunos en su casa eran incrédulos antes de que Pedro viniera para que oyeran el evangelio.[20] La Biblia no contiene ningún ejemplo de creyentes que carecían de cualquier tipo de revelación por una simple razón. La narrativa bíblica trata precisamente con aquellos que de alguna forma tuvieron contacto con la actividad especial de Dios en la historia humana.

Lo que intento hacer en este argumento, pues, es de trazar una continuidad del testimonio de Dios y la fe humana entre los creyentes pre-mesiánicos y los cristianos. Esta misma continuidad, propongo yo, también se extiende a los no evangelizados. El teólogo bautista A. H. Strong afirmó esta continuidad cuando escribió: "los patriarcas fueron salvos en la ausencia de un conocimiento del Jesús histórico porque creyeron en Dios en la medida en que El se les había revelado. Y quien se salve de entre los pueblos no evangelizados debe de igual manera acudir a Dios como pecadores sin méritos y sin esperanza según la sombra de Dios que existe en la naturaleza y en la providencia."[21] Los creyentes como Abraham no tenían conocimiento del Jesús histórico pero Dios aceptó su disposición de fe. Hoy en día los no evangelizados tampoco tienen conocimiento del Jesús histórico pero aun así pueden acercarse a Dios en fe a base de su testimonio en la creación y en las manifestaciones de su providencia en sus vidas.

Cornelio no estaba destinado al infierno antes de que llegara Pedro. Lo mismo se puede decir de los no evangelizados. Pero de la misma manera en que Cornelio y su casa llegaron a ser partícipes de las bendiciones en Cristo después de que Pedro les predicó el evangelio, así mismo debemos procurar llevar el evangelio a los pueblos no evangelizados.

Más tarde en el Libro de los Hechos, Lucas ilustra este punto en su narración de la predicación de Pablo en Atenas (capítulo 17). Lucas dedica una porción considerable del capítulo a la narración de esta predicación (aunque seguramente la presenta en forma condensada) porque es una ilustración perfecta de la predicación de Pablo entre los gentiles. Juntamente con Pedro, Pablo entiende que Dios está trabajando entre los no evangelizados y quiere que lleguen a tener fe en Jesucristo. Reconoce que los filósofos de Atenas buscan a

Dios. Muestra, por ejemplo, puntos de encuentro entre el cristianismo y los filósofos estoicos y epicúreos.[22] Conocen a Dios, explica el Apóstol, a través de la creación y los actos providenciales de Dios entre la humanidad. Debido a esta revelación, Dios espera que los hombres lo encuentren, pues Dios está cerca de todos (v. 27).

Es interesante que Pablo no hace referencia al Antiguo Testamento en este discurso. Alude exclusivamente a los poetas paganos y utiliza las ideas y el vocabulario de la filosofía griega en su intento de alcanzar a estas almas. Todo lo que dice Pablo, de hecho, se encuentra en el Antiguo Testamento porque existen afinidades entre la revelación general y la revelación especial.

Pero los atenienses no tienen razón en todo. Pablo critica algunos aspectos de su adoración. Algunos filósofos estoicos y epicúreos concordaban con Pablo en su oposición a los ídolos. Pablo comienza su discurso diciéndoles a los atenienses que les iba a explicar lo que ya adoraban en ignorancia (v. 23). Por lo tanto, Pablo no considera que les está demostrando una nueva deidad sino que sostiene que el único Dios ya ha estado obrando en ellos. Pablo no cree que todos los no evangelizados renieguen en la adoración a Dios aunque algunos sí lo hacen. Al contrario, considera que algunos adoran al Dios verdadero sin saberlo mientras que otros simplemente no lo adoran. El evangelio es importante para ambos grupos. Pablo dice que Dios ha pasado por alto su ignorancia y ahora los llama al arrepentimiento y a aceptar el evangelio.

Este es el mismo patrón de la predicación que usaba Pablo al predicar a los judíos. Ahora que Cristo ha llegado, las cosas viejas pasaron ya sea la adoración por medio de la revelación general o la adoración según la instrucción levítica. Dios quiere que ahora todos experimenten la vida de su Hijo. Ahora que tenemos una revelación plena y que tenemos acceso a la expiación, Dios quiere que tanto judío como gentil experimenten una completa y satisfactoria relación con él a través del Jesucristo resucitado.

El éxito de Pablo en Atenas fue comparable a su éxito en otros lugares. Algunos aceptaron a Jesucristo (incluyendo un miembro del consejo v. 34), otros lo rechazaron y otros querían oír más. En Atenas, Pablo encuentra a creyentes que se convierten en cristianos, incrédulos que se convierten en cristianos y el grupo de los que rechazan el evangelio. El punto básico es que Dios quiere que los creyentes, ya sean judíos o gentiles, se conviertan en cristianos.

La Revelación General y la Providencia

Hemos llegado ahora a un punto divisorio en mi perspectiva y en la de los otros autores de este libro. Ellos sostienen que Dios nunca otorga la salvación a quien es ignorante de Jesús.

Es común escuchar que la información presente en el orden creado (la revelación general) es suficiente para la condenación pero no para la salvación. Esta aseveración contiene dos errores fundamentales. En primer lugar, la revelación en sí, ya sea general o especial, no puede ni condenar ni salvar. Es Dios que condena y es Dios quien salva. Dios puede usar el medio que le plazca para alcanzar a aquellos a quienes ama. En segundo lugar, el decir que el Dios que se puede conocer por medio de la creación condena y el que se puede conocer por medio de la Biblia salva suena como si existen dos dioses – uno que condena y otro que salva. Pero hay un solo Dios cuyo Espíritu está activo en buscar a los perdidos dondequiera que se encuentren.

Dios ha dado testimonio de si mismo como creador a todo hombre (Salmo 19; Romanos 1:20). Ha puesto señales en los cielos (Deuteronomio 4:19) y ha dado estaciones a la humanidad para que le busquemos y le hallemos. Dios no está lejos de nadie (Hechos 14:17; 17:26-27). Dios actúa no solo como el creador sino como la provisión providencial en la historia. Los profetas del Antiguo Testamento, portavoces de la revelación especial, declararon que Dios obró en el éxodo e hizo provisión de tierra no solamente para los israelitas (Amós 9:7; Deuteronomio 2:5, 9, 19, 21-22). Dios estaba obrando fuera de los límites de Israel pues Dios ama a todas las naciones. Es cierto que Dios obró por medio de Israel para traer la obra de redención (Jesús) que luego constituiría la base de la salvación para todas las naciones. Pero eso no nulifica las acciones redentoras de Dios en otras partes.

Existen muchos comunidades, pueblos y sociedades que no han sido evangelizados. Pero eso no quiere decir que Dios no ha actuado entre ellos. Dios no limita su bondad en base a nuestro conocimiento de él.

Algunos mal interpretarán esto y asumirán que lo que estoy diciendo es que los hombres se pueden salvar a si mismos según sus propias acciones y su propia voluntad. Por eso, permíteme hacer algunas aclaraciones. En primer lugar, la obra del Espíritu es esencial para que cualquier persona llegue a Dios. El Espíritu está activo en el mundo haciendo que las personas reconozcan su pecado y alentando el arrepentimiento y la búsqueda de Dios. No importa si el hombre tiene revelación general o revelación especial es el mismo Espíritu que obra y que guía el hombre a Dios. Esto puede ser por el conocimiento del Jesús histórico o por el testimonio de la creación y la providencia.

Segundo, no es nuestra propia justicia que cuenta sino la de Cristo. Pero la justicia de Cristo no se nos acredita porque asentimos intelectualmente a una serie de hechos. Al contrario, se nos acredita por la fe en Dios, ya sea que nuestra percepción sea la del Creador o la del Encarnado. El Espíritu Santo busca cultivar la fe en nosotros independientemente del tipo de revelación que tengamos.

Tercero, no ignoro el hecho de que los no evangelizados son pecadores que han rechazado a Dios. Son precisamente los pecadores a los que el Espíritu Santo busca. Los pecadores no están fuera del alcance del poder y de la sabiduría del Espíritu Santo.

Pedro y Pablo llegaron a la conclusión de que habían gentiles que adoraban al Dios verdadero aunque tenían o un conocimiento limitado del Antiguo Testamento o carecían completamente de la revelación especial. En su libro, *La eternidad en sus corazones*, el antropólogo misiológico Don Richardson ha documentado numerosos ejemplos en que Dios ha obrado para la redención de grupos antes de la llegada de los misioneros cristianos.[23] A esta observación lo llama "el factor Melquisedec." Melquisedec fue el rey-sacerdote a quien Abraham le pagó tributos y que pronunció bendición en Abraham. Es fascinante que la narrativa en Génesis describe a Melquisedec como sacerdote del Dios altísimo (14:18) – adoraba al mismo Dios que Abraham (14:19) – y evidentemente no tiene ninguna revelación especial de Dios. La Biblia, parece, no es tan celoso de la adoración de Dios como lo son algunos cristianos.

Richardson provee múltiples ejemplos de la obra de Dios entre grupos no evangelizados, pero yo presentaré uno sólo. Dos misioneros cristianos arribaron al pueblo santal en la India. Un día escucharon que un anciano hablaba del Dios genuino, Thakur Jiu. Cuando preguntaron quién era este dios, les contaron la historia fascinante de cómo el pueblo santal adoraba a Thakur Jiu en el medio oriente antes de migrar a la India. Durante la migración, no podían encontrar paso entre las montañas, así que propiciaron a los espíritu malignos para darles paso. Una vez que cruzaron las montañas, sintieron la obligación de seguir propiciando a los espíritus. A lo largo de los siglos, perdieron mucho de su conocimiento sobre su Dios Creador pero ansiaban la reconciliación. Los dos misioneros concluyeron que Tahkur Jiu y el Dios de la Biblia eran el mismo y les informaron a los santal lo que Dios había hecho por medio de su Hijo Jesucristo para reconciliarlos con El. Los santal estaban gozosos por recibir esta buena noticia y en los siguientes días hubo un número asombroso de bautismos. Muchos de los creyentes que anhelaban a Dios ahora se convirtieron en cristianos.

Richardson demuestra que ha habido muchos grupos e individuos que han buscado al Creador – el Dios altísimo. A veces estas personas nos cuentan historias parecidas a los relatos bíblicos como el relato de la creación o del diluvio. Otros hablan de un libro perdido acerca del Creador y el anhelo de recuperarlo.

Es cierto que Dios ha dado testimonio de si mismo. También es cierto que la compasión de Dios por los pecadores no depende de la actividad misionera. Dios quiere que todos escuchen de las obras de su Hijo. Pero el Espíritu actúa cuando, donde y como le place y mueve el hombre a adorar a Dios aún antes de la llegada del evangelio.

El gran escritor cristiano C.S. Lewis apoyaba esta conclusión. Pensaba que los que confían en lo que subyace a la verdad y la bondad serán salvos aunque no conocen a Jesús. Dijo: "Hay personas en otras religiones que están siendo guiados por la influencia secreta de Dios a través de esos aspectos de su religión que concuerdan con el cristianismo. Estos pertenecen a Cristo y no lo saben."[24] En otro libro escribe: "Creo que la oración sincera a un dios falso es aceptado por el Dios verdadero y que Cristo salva a muchos que no lo conocen."[25]

En su obra *Las Crónicas de Narnia*, Lewis cuenta de un hombre llamado Emeth (verdad) que había sido criado en el país donde el dios principal era Tash. Emeth peleó en contra de la nación de Narnia con su Dios

Aslan (figura de Cristo). Emeth pensaba que Aslan era malvado. A través de una serie de circunstancias, Emeth recibe una visión del dios Tash y se da cuenta que Tash es el malvado. Confundido por la experiencia huye al bosque. Allí se encuentra con Aslan y ocurre el siguiente diálogo:

> Mas el Glorioso Ser inclinó su cabeza dorada y tocó mi frente con su lengua y dijo: 'Hijo, eres bienvenido'. Y yo dije: 'Ay de mí, Señor, yo no soy hijo Tuyo, sino servidor de Tash'. El respondió: 'Hijo, el servicio que has prestado a Tash lo cuento como servicio prestado a mí'. Entonces debido a mi gran anhelo de sabiduría y entendimiento, superé mi miedo e interrogué al Glorioso Ser y dije: 'Señor, ¿es verdad entonces, como dice el Mono, que tú y Tash sois uno?' El León gruñó haciendo temblar la tierra (pero su ira no era contra mí) y dijo: 'Es falso. No es porque él y yo seamos uno, sino porque somos lo opuesto, que tomo como mío el servicio que has dado a él, porque él y yo somos de tan diferente especie que ningún servicio vil puede prestárseme a mí, y nada que no sea vil puede ser hecho por él. Por lo tanto, si algún hombre jura por Tash y cumple su juramento por respeto al juramento, es por mí que ha jurado en realidad, aunque no lo sepa, y soy yo quien lo recompensa. Y si un hombre comete un acto de crueldad en mi nombre, entonces aunque pronuncie el nombre de Aslan es a Tash a quien está sirviendo y es Tash quien acepta su acción. ¿Comprendéis, Hijo? Yo dije: 'Señor, tú sabes cuánto entiendo.' Pero también dije (porque la sinceridad me lo imponía): 'Sí, he buscado a Tash todos mis días'. 'Amado', dijo el Glorioso Ser, 'si tu anhelo no hubiera sido por mí no habrías buscado tanto tiempo ni con tanta fidelidad. Pues todos encuentran lo que buscan de verdad'.[26]

Este diálogo demuestra que para Lewis Dios salva a los no evangelizados de acuerdo al principio de la fe. A aquellos que buscan la gloria, la honra y la inmortalidad, Dios les dará la vida eterna (Romanos 2:7).

La Enseñanza de Pablo en Roma

Algunos piensan que la idea de que Dios puede alcanzar a los no evangelizados sin la ayuda de misioneros es demasiado optimista tomando en cuenta la enseñanza de Pablo en Romanos 1-3. Estos detractores afirman que los no evangelizados podrían ser salvos solamente si nunca hubieran cometido pecado en contra de Dios y si vivieran vidas moralmente justas. Pero nada es capaz de hacer esto, así que los no evangelizados no pueden ser salvos. A mi parecer, hay en este argumento una distorsión de la enseñanza de Pablo en Romanos.

Para entender apropiadamente lo que Pablo está diciendo en la Epístola hay que conocer el asunto que el Apóstol estaba tratando.[27] Pablo no está condenando a las personas que pensaban que por sus propios méritos podían llegar al cielo. La teología judía nunca demandó la perfección moral como requisito de la salvación. Lo que Pablo intentaba hacer en estos capítulos es rechazar la enseñanza tradicional judía que ponía un muro de separación entre el judío y el gentil.

Los judíos religiosos se consideraban partícipes de la gracia divina y pensaban que los gentiles estaban excluidos de esta gracia. La razón que se veían como partícipes no era su propia justicia sino era la elección de Dios de entre las naciones. En respuesta fiel a la gracia de Dios, seguían los estatutos y decretos de Dios. Pero esto no les daba más favor para con Dios. Al contrario, demostraba que uno estaba dentro de la esfera de la gracia y del pacto. En otras palabras, habían ciertos marcadores e índices que distinguían a los que habían recibido la gracia de quienes no la habían recibido.

Todos los grupos sociales tienen marcadores o índices distintivos que los separan de los demás grupos. En la época de Pablo habían tres marcadores distintivos de membresía en el pacto de Dios: la observación del sábado, los reglamentos alimenticios y la circuncisión. Seguir estos preceptos no ganaba la salvación. Sino más bien, estos marcadores eran señales de que uno ya era salvo. Los gentiles, que vivían fuera de estos preceptos, obviamente estaban excluidos de la salvación pues no mostraban los marcadores de pertenencia.

La mayor parte de los lectores judíos de Pablo habrían estado de acuerdo con lo que se enseña en Romanos 1 – que todos los gentiles son pecadores ante los ojos de Dios aunque Dios se les haya revelado a través de la creación. Se tomaba por sentado que los gentiles eran todos pecadores. Los gentiles estaban apartados del pacto y por lo tanto era imposible que participaran de la gracia divina. De acuerdo al pensamiento judío de la época de Pablo, la ignorancia de los marcadores era en sí la marca de la condenación. La única posibilidad para que los gentiles se salvaran era por obtener el conocimiento del pacto (o sea el Antiguo Testamento) y aceptar sus preceptos. Por eso muchos judíos cristianos creían que los gentiles tenían que convertirse en judíos antes de ser cristianos.

Pablo, sin embargo, considera que esto es una perversión del evangelio. La gracia de Dios extiende más allá de los límites nacionales de Israel. Además señala que la adherencia al sábado y a los reglamentos alimenticios no asegura la justificación ante Dios. En Romanos 2 demuestra que los judíos también son pecadores ante Dios, independientemente de su participación en el pacto. Los judíos pensaban que su salvación radicaba en ser parte de la comunidad del pacto. Pablo niega esto diciéndoles que aunque tienen revelación especial todavía necesitan al Salvador.[28] La posesión de una ciudadanía nacional, pues, no garantiza la salvación.

Pablo concluye en el capítulo 3 que todos han pecado, judíos y gentiles, y que todos necesitan de un Salvador. Dios ha provisto este Salvador en la persona de Jesucristo y es la fe en Jesús lo que nos da salvación. La fe es el único marcador que reconoce Pablo.

El argumento de Pablo en contra del restrictivismo judío es relevante a la cuestión de los no evangelizados ya que algunos cristianos sostienen que únicamente aquellos que han obtenido conocimiento de la actividad de Dios en Cristo y se hacen miembros de la iglesia visible pueden ser salvos. Si uno no posee el marcador de membresía en la iglesia, ya sea por bautismo o por profesión de fe, no puede ser salvo. Pero de la misma manera en que la gracia de Dios no se puede restringir a la etnicidad israelita, tampoco se puede restringir a la membresía eclesiástica. La salvación extiende más allá de los límites nacionales de Israel. También se extiende más allá de los límites intelectuales de la iglesia. Si hay fe genuina producida por el Espíritu de Dios hay salvación por los méritos de Jesucristo. La fuente y el carácter de la revelación no importan.

Para Pablo no hay otro Salvador que Jesucristo. Abraham, Moisés y David obtuvieron la salvación en base a la obra de expiación de Jesucristo. Experimentaron la gracia divina porque Dios sabía ya en su época cómo iba a tratar con el pecado en el futuro. Los hombres, inclusive Abraham y Moisés, no se pueden salvar a si mismos, pues todos hemos pecados y le hemos fallado a Dios (Romanos 1:18). Pero Jesús murió por aquellos que estaban lejos de Dios (5:6) y por medio de su único acto de justicia hay justificación para todos (5:18). Jesús es el representante de toda la raza humana en obtener la paz y la reconciliación con Dios. Al tomar sobre si mismo nuestro pecado, Jesús se convierte en el pecador más vil que el mundo haya conocido. Y así, es juzgado en nuestro lugar.

La justificación de todos los pecadores por medio de la obra de Cristo hace que Pablo vea la humanidad con una nueva mirada. Pablo entiende que Dios ama a todos los pecadores, que Dios ha tratado de forma absoluta el problema del pecado del hombre y que todos pueden obtener los beneficios de la obra de Cristo a través de la fe en Dios (Romanos 4:24-5:18). Dios busca a aquellos que confían en él y los gentiles pueden confiar en Dios aunque no observen los reglamentos judíos. Por medio de Cristo, Dios dará vida eterna a todos quienes confían en él. No importa lo mucho o lo poco que sepan acerca del pacto (2:6-7).

Todos los que aman al prójimo demuestran que tienen la ley de Dios inscritos en su corazón (2:14-15) y por eso cumplen los deseos de Dios (13:8). Una fe genuina en Dios se manifiesta en el amor a Dios y al prójimo. Esta fe y este amor no se limitan únicamente a los que son parte de una sinagoga o una iglesia visible. Debemos volver a enfatizar que estos no se salvan por obras sino por la misericordia de Dios que salva a todo aquel que confía en él. Para Pablo, esta fe y este amor crecen en el corazón del hombre debido a la obra interior del Espíritu Santo. Cuando habla de la "obediencia de fe" (1:5; 16:26) es siempre como una respuesta a la gracia divina.

Para Pablo hay un solo Dios (Romanos 3:30) y ese Dios se relaciona con toda la humanidad como Creador. Busca en sus criaturas una respuesta de dependencia y de confianza. Esta respuesta es posible, en una fe dirigida por el Espíritu, para judíos y para gentiles, para evangelizados y no evangelizados.

¿Por qué, pues, se esfuerza Pablo en proclamar el evangelio a los gentiles? Porque Cristo es la expresión plena y clara de Dios. La revelación de Dios en Cristo es superior a la de Dios en la creación (aunque ambas son de la misma trayectoria). En el evangelio experimentamos el objetivo de la creación, lo que Dios quiso desde el principio.

Algunos interrogan: "Si la revelación es capaz de salvar, ¿por qué dio Dios una revelación especial?" Otra vez, hay que subrayar que la revelación en si no salva. Dios es el que salva. Además, como mencionamos anteriormente, el cristiano goza de muchas bendiciones que el creyente no llega a experimentar. Se puede llegar de San Francisco a Chicago a pie, pero hay muchas bendiciones al hacer el viaje por avión.

Otros dicen que como Pablo dice en Romanos 3 que todos son pecadores, cualquier esperanza para los no evangelizados resulta nula. Pero si lo que Pablo quería decir es que todos aquellos mencionados en los capítulos 1 y 2 están fuera del alcance de la salvación, entonces surge un problema gravísimo. Si Pablo quiere decir que ningún judío y ningún gentil fue salvo antes de Cristo, entonces obviamente los grandes varones de Dios como Abraham y David tampoco fueron salvos. Claro está, nadie acepta esta conclusión.

Se me hace interesante que hay tanta disposición para usar Romanos 1-3 para negar la esperanza del no evangelizado (pues todos son pecadores) y al mismo tiempo tanto rechazo de la conclusión lógica del argumento que se elimina la esperanza de los creyentes pre-mesiánicos. La pregunta no es si el hombre se puede salvar por medio de la perfección moral. La pregunta es, más bien, si Dios otorga al pecador una oportunidad para la salvación.

La mejor interpretación de Romanos 1-3 es que Pablo está rechazando el restrictivismo judío al señalar que tanto el judío como el gentil están inmersos en el pecado. Dios salva a ambos en exactamente la misma manera – a través de la fe. Ya hemos tratado el principio de fe que Pablo utiliza para justificar la salvación de los creyentes pre-mesiánicos independientemente de su pertenencia nacional. El principio de fe le permite a Pablo hablar de una sola salvación para judíos y para gentiles que se basa en su fe y no en el carácter de la revelación que posee. Obviamente habían judíos pre-mesiánicos que tenían fe en Dios (Romanos 4). Pablo sugiere que también había gentiles con la misma fe aunque su conocimiento se limitaba a la revelación por medio de la creación y la providencia (2:6-16). Entonces tenemos dos grupos de personas: (1) los que conocen a Dios a través de la revelación especial o general y que rehúsan creer en él y (2) los que conocen a Dios a través de la revelación especial o general y depositan su confianza en él. Debido a la Cruz de Cristo, todos los que tienen fe en Dios son salvos ya sean judíos pre-mesiánicos, gentiles no evangelizados o cristianos. En Romanos Pablo dice que Dios muestra misericordia a quien le place (9:18) y, afortunadamente para nosotros, declara que Dios es misericordioso para con todos (11:32).

Algunos cristianos tienen dificultad al aceptar esto porque implica que se puede llegar a ser salvo sin portar los marcadores que ven como imprescindibles. ¿Cómo puede ser alguien salvo que no habla del nuevo nacimiento? ¿Si no va a la iglesia? ¿Si no ha sido bautizado? Muchos consideran que estos son los marcadores apropiados para demostrar la salvación. Los evangélicos enfatizan la importancia de una confesión verbal de la fe. De hecho, muchas veces se dicta hasta la letra de esta confesión – Jesús te acepto como mi Salvador – y esto funciona como cierta especie de liturgia o rito que nos permite distinguir públicamente entre los que son salvos y los que no lo son. El uso de estos marcadores les da certeza de que son ovejas y no cabras, de que han entrado por la puerta estrecha y no por la ancha.

Pero este tipo de pensamiento es exactamente lo opuesto a lo que Pablo presenta en Romanos. No se necesita ningún tipo de marcador para garantizar una relación armoniosa con Dios. La fe es el único marcador que Pablo admite. Y la fe se ejerce de igual manera por judío y por gentil, por evangelizado y por no evangelizado.

¿Y Qué de los Niños?

Puede sonar extraña la propuesta de que Dios salva por

medio de la obra de Jesús aun cuando el salvo no tiene conocimiento de él. Pero si reflexionamos un poco, nos daremos cuenta que la mayoría de los cristianos ya admiten esta vía de la salvación. Prácticamente todos los cristianos en la actualidad afirman que los bebés y las personas mentalmente incompetentes reciben la salvación al morir aunque nunca tuvieron conocimiento de Jesús ni tampoco demuestran fe en él.

Hay que señalar que en el curso de la historia el índice de mortalidad infantil ha sido extremadamente alto. La mayoría de los seres humanos que han vivido, han muerto a una edad relativamente joven. Esto ha sido por brotes de enfermedades comunicables así también por el infanticida y el aborto. La mayoría de los cristianos afirman que estas víctimas han sido salvos independientemente de su ignorancia de Cristo. De hecho, la mayoría de la raza humana se salva aparte del conocimiento de Cristo.

Lo que sugiere es que debemos de extender este mismo razonamiento para incluir a los adultos no evangelizados que responden a Dios en fe. Ya tenemos un precedente en nuestro tratamiento de los que mueren en la infancia o con discapacidades mentales. ¿Se puede decir que Dios ama menos a los adultos no evangelizados que a los bebés?

Hay dos objeciones a este argumento inclusivista. La primera hace una distinción entre las "habilidades" de los bebés y de los adultos no evangelizados. Los adultos no evangelizados tienen la habilidad de responder al evangelio. Pero el bebé no tiene esa habilidad. Ramesh Richard dice que Dios salva a los bebés pero no a los adultos no evangelizados porque los bebés son incapaces de aceptar la salvación.[29] Los bebés tienen limitaciones físicas y mentales que les previenen responder adecuadamente al evangelio. Desde mi perspectiva, sin embargo, los adultos no evangelizados experimentan las mismas barreras mentales y físicas ya que los misioneros no han llegado a ellos. Aun desde la perspectiva restrictivista, entre los que no tienen la habilidad de aceptar la salvación se deben incluir los adultos no evangelizados puesto que se argumenta que Dios no puede usar la revelación general para otorgarles salvación. Están completamente fuera de la esfera de la salvación. Si hay dos categorías de personas que son salvos, según el argumento de los restrictivistas – (1) los que depositan su fe en Jesucristo y (2) los que son incapaces de responder a Jesús - ¿por qué no incluir a los adultos no evangelizados en el segundo grupo?

La segunda objeción es que los adultos son culpables del pecado real mientras que los bebés son culpables únicamente del pecado original, el cual Dios ha ignorado por medio de Cristo. Pero si Dios ignora el pecado original debido a la obra expiatoria de Jesús, entonces ¿por qué no puede aplicar esa misma expiación a los pecados de los no evangelizados que tienen fe en Dios? Aunque ambos grupos permanecen ignorantes del evangelio, el Dios que desea la salvación de todos puede redimir al pecador en base a la justicia de Cristo.

Nos ahondamos en esta pregunta cuando reconocemos que no todos los cristianos han afirmado la salvación de los que mueren en la infancia. Pensadores como San Agustín afirmaban que sólo los niños bautizados podían ser salvos.[30] ¿Qué fue lo que ocurrió en el pensamiento teológico que dio lugar a un cambio? Creo que ha habido un cambio en la teología del carácter de Dios. Anteriormente se veía a Dios como un Dios airado que odiaba al pecador pero que salvaba unos cuantos para demostrar su gracia. Afortunadamente, la teología regresó a los cimientos bíblicos en que Dios es verdaderamente justo, condena el pecado pero ama al pecador y manda a su Hijo para morir por ellos. La teología del amor radical de Dios para con los pecadores – incluyendo los pecadores en su infancia – negó la teología del Dios airado y nos permitió entender que

Dios desea la salvación del menor de estos.

Esta es la teología que yo afirmo. La teología que acepta la realidad severa del pecado pero que también sostiene la habilidad de Dios para triunfar sobre el pecado al redimir a los pecadores. Dios odia el pecado porque destruye a su creación. El amor divino detesta la corrupción del pecado, pero al mismo tiempo motiva a Dios a redimir la situación. Este es el Dios que hace que la salvación sea universalmente accesible para Abraham, para Job, para los niños que mueren en la infancia y también, claro que sí, para los adultos no evangelizados.

Misiones

Pero si los no evangelizados pueden ser salvos sin misioneros, ¿por qué seguimos apoyando las misiones? ¿No es la función principal de la misión el llevar las buenas nuevas a aquellos que no han oído? Cualquier otro motivo le quita el impulso principal de las misiones.

La verdad es que no. John R.W. Stott, uno de los grandes portavoces de las misiones modernas, escribe:

> Nunca he podido conjurar (como lo hacen algunos misioneros evangélicos) la visión repulsiva de los millares que no perecen ahora pero cuyo destino es el infierno. Por otro lado … no soy, ni puede ser un universalista. Entre estos dos extremos yo prefiero aferrarme a la esperanza que la gran mayoría de la humanidad será salvo. Y tengo una base bíblica sólida para esta posición.[31]

Aunque Stott afirma una esperanza amplia, ha mantenido consistentemente una gran actividad misionera. Esto también era verdad entre los padres apostólicos como Clemente de Alejandría así también como para Juan Wesley. Mantenían la esperanza amplia pero los tres eran entre los más fervientes y conscientes de cristianos a la hora de presentar el evangelio con fuerza y convicción al no creyente.

La posición restrictivista (que todos los no evangelizados pasarán la eternidad en el infierno) ha sido hartamente lanzado como el motivo principal de las misiones. Tal ha sido su fuerza que muchos cristianos no se dan cuenta que este no ha sido la motivación de los grandes misioneros del pasado. No sugiero que el peligro de la condenación al infierno de millares no sea adoptado como un motivo del evangelismo, pero lo que sí digo es que la empresa misionera necesita motivos mayores para sostenerse. Cuando se apoya a las misiones únicamente por el motivo restrictivista, toda la empresa cae bajo el peso del problema del mal. Si Dios desea salvar a todos pero sólo aquellos que oyen pueden ser salvos, entonces Dios no puede salvar a quien desea salvar. Es más, si la salvación depende completamente de la predicación humana, entonces algunos serán condenados por las faltas y la desobediencia de los mismos cristianos. En otras palabras, su condenación será el resultado de los pecados de otros. ¿Es esto la justicia divina? ¿Es este el retrato del Dios que va en busca de sus ovejas perdidas? En base a estos problemas, la empresa misionera requiere de otra motivación.

Afortunadamente, existen varias motivaciones adicionales para la actividad misionera. En primer lugar, Jesucristo nos manda a ir a predicar el evangelio (Mateo 28:18-20). En segundo lugar, los que hemos experimentado el amor de Dios en el Hijo a través del Espíritu debemos desear compartir la bendición de la vida cristiana con aquellos que no la conocen. En tercer lugar, como hemos venido señalando, existen aquellos que no son creyentes en Dios y necesitan saber de Cristo para que puedan conocer el amor de Dios. Finalmente, aunque los no evangelizados pueden obtener la vida eterna en base a la obra de Cristo, Dios quiere que experimenten la plenitud de la vida que vino en el Pentecostés. La vida en relación con el Señor resucitado ofrece una riqueza espiritual mucho mayor que la que se puede obtener a través de la revelación general. El cristiano posee las bendiciones mesiánicas de la seguridad de la salvación y la revelación completa del carácter y del amor de Dios. Además, los cristianos tienen la bendición de la comunión con el cuerpo de Cristo. Estas son motivaciones más que suficientes por apoyar a las misiones. La salvación que ofrece Cristo, después de todo, no es únicamente para la vida eterna sino que es también para la vida abundante ahora.

Tal vez nos puede ayudar una analogía. ¿Qué tal si sabíamos de un grupo de personas que carecía de agua potable y que sufría de diarrea y deshidratación? ¿Qué tal si sabíamos que, a pesar de esta condición, comoquiera sobrevivirían? ¿Seríamos exentos de proveerles ayuda ahora? ¿Estaríamos justificados en simplemente dejarlos en el sufrimiento? Creo que no. Tenemos muchas razones por llevarles la tecnología que necesitan ahora aunque pueden sobrevivir sin ella.

Conclusión

He dado hasta ahora una visión panorámica de la esperanza amplia y he esbozado una forma particular en que el deseo universal de Dios de salvar a la humanidad se puede lograr. He argumentado que Dios ama a todos los pecadores y desea la salvación de todos. Todos los que salvan se redimen por los méritos de la obra de Cristo. En base a la obra expiatoria de Jesús, Dios acepta a todo aquel que tiene fe independientemente de la extensión de su conocimiento. Hemos presentado razonamientos bíblicos y teológicos aunque no existe ninguna prueba contundente. Todo lo que hemos podido avanzar es que el inclusivismo provee un marco sólido para enfrentar el problema soteriológico del mal (o sea, el destino de los no evangelizados).

La solución inclusivista no es nueva. Ha sido defendida a lo largo de la historia por grandes pensadores como Justino Mártir, Abelardo, Erasmo de Rotterdam, Zuinglio, Juan Wesley, William Shedd, A. H. Strong, Karl Rahner, C.S. Lewis y Wolfhart Pannenberg.

El inclusivismo tiene adherentes en distintas tradiciones denominacionales: bautistas, luteranos, wesleyanos, presbiterianos, cuáqueros y católicos. Además, existen inclusivistas de diferentes corrientes teológicas como el calvinismo y el arminianismo. El inclusivismo, pienso yo, representa la aproximación más cercana al consenso entre los pensadores cristianos hoy en día.[32] Muchos cristianos devotos a lo largo de la historia han concluido que el inclusivismo es la mejor solución para este aspecto del problema del mal.

Dios invita a una gran multitud a la fiesta del Cordero. Es el Rey que hace la lista de los invitados, y si la parábola de las bodas del hijo del rey es una indicación, Dios invita a todos sin hacer acepción de personas. Aunque todos los invitados no llegarán, esperamos que el salón será lleno de invitados de cada tribu y nación.

RESPUESTA A SANDERS
Gabriel Fackre

John Sanders se esmera por hacer un caso convincente a favor del inclusivismo. Estamos en deuda con él por su intervención y por su labor editorial en el diseño de este libro. Sin embargo, a mi no me ha persuadido acerca de los méritos del inclusivismo. Me preocupa además la semejanza entre su posición y la del pluralismo religioso que predomina en los círculos del liberalismo protestante y católico.

Comienzo con una breve enumeración de los puntos en que estoy de acuerdo con Sanders:

1ª. Tiene razón al intentar encontrar una alternativa a las perspectivas restrictivistas.

2º. Tiene razón de encararse directamente a los miles de millones de almas que no han oído y que nunca oirán el evangelio durante sus vidas.

3º. Tiene razón al rechazar la noción de la sociedad pluralista y secular de que el cristianismo debe abandonar su afirmación de la exclusividad de la obra de Jesucristo para la salvación. Sanders preserva el "escándalo de la particularidad" en cuanto a la persona de Cristo (Cristo como verdaderamente Dios y verdaderamente hombre) y en cuanto al objetivo de la obra de Cristo (Cristo como el único mediador entre Dios y el hombre).

4º. Tiene razón al señalar las fallas de un argumento que sostiene que la revelación general únicamente puede condenar al pecador. La revelación general juega un papel crucial en el sostén de la creación bajo el pacto noético.

Pero su intervención tiene también serios problemas.

1ª. En las secciones acerca del Nuevo Testamento, Sanders presenta un buen argumento exegético para la esperanza amplia y el amor incansable de Dios en buscar al perdido. El problema es que los pasajes que se analizan (el hijo pródigo, la fiesta mesiánica y las ovejas y las cabras) nada tienen que ver con su argumento de que Dios ofrece la salvación a través de la revelación general. Las referencias vetero-testamentarias al Faraón también parecen estar descontextualizadas. En esta última instancia, Dios utiliza poderes, personas y eventos en la historia mundial para sus fines divinos (por ejemplo, Asiria como la vara de la ira de Dios en Isaías 10:5), pero no existe fundamento escritural para decir que los reyes asirios y egipcios que Dios usó fueron por eso salvos.

2º. Juan 3:16 declara que Jesucristo vino para que ninguno pereciera mas que todos tuvieran vida eterna a través de la fe en él. Esta afirmación contundente de la vía personal de la salvación es consistente a lo largo del Nuevo Testamento como lo demuestro en mi capítulo. En el Nuevo Testamento y en la tradición cristiana clásica, la fe no es una confianza generalizada en Dios pero una confianza en Cristo y en su obra salvadora.

La definición más aceptada de la fe en la teología cristiana incluye tres elementos:

- o *Notitia* el conocimiento intelectual de Cristo
- o *Assensus* el asentimiento de nuestra voluntad a Cristo
- o *Fiducia* la confianza de nuestro corazón en Cristo

La fe salvadora no elimina ninguna de estas tres dimensiones. Claro que los que enfatizan el conocimiento intelectual hacen de la fe un proposicionalismo vacío que peca de reduccionista como bien señala Sanders. Pero es igualmente erróneo reducir la fe a un principio universal de fe que excluye el conocimiento intelectual de Cristo.

Existe una visión popular en la teología contemporánea llamada el expresivismo experiencial.[1] Sostiene que cualquiera puede experimentar a Dios de una forma salvífica aunque esa experiencia puede ocurrir en diferentes formas religiosas o humanistas. Sanders evita la acomodación de la ideología pluralista moderna en su énfasis consistente en la encarnación y la expiación. Sin embargo, parece caer en la misma línea del pluralismo al adoptar una soteriología subjetiva que elimina la necesidad de una relación personal con Jesús para la salvación. En el fondo no es un problema cristológico pero sí es un problema soteriológico.

3º. A pesar de la discusión de Sanders sobre el principio de la fe como una confianza que no requiere información acerca de Dios – "Dios no limita su bondad según nuestro conocimiento de él" – ha incluido en sus ilustraciones la necesidad de un grado mínimo de conocimiento para la salvación – o sea, el conocimiento de un Dios personal. Esto contradice el lema confianza-sin-conocimiento y también limita la salvación a las religiones que creen en un dios personal. Esto implícitamente excluye a millares de budistas, confucionistas, etc. ¿En qué sentido es esto inclusivismo?

El Escándalo de la Particularidad

El teólogo católico Karl Rahner es conocido por sus enseñanzas sobre el cristiano anónimo. La idea tiene muchos paralelos con el inclusivismo que presenta Sanders. Rahner sostiene la particularidad escandalosa de la persona y obra singular de Jesucristo. Esquiva la acusación de promover una salvación por obras porque afirma que la gracia universal (con su fuente invisible en la persona y obra de Cristo) puede crear una fe implícita en personas "buenas" que no conocen a Jesús. Pueden ser salvos mediante esta fe implícita y así llegar a ser cristianos anónimos.

La crítica más feroz de Rahner es que incluye a

personas en el reino de Dios sin que lo sepan. Pero el problema es más grave que eso. Tiene que ver con la supresión de algunos capítulos en la historia bíblica.

Después de que Dios creara al mundo en amor, la caída corrompió a la humanidad. Perdimos en ese momento nuestra capacidad de conocer a Dios y de amarle como debemos. El propósito de la historia de la redención – desde la elección de Israel hasta la venida de Jesús y el establecimiento de la iglesia – es de reconciliarnos con Dios a través de su gracia salvífica particular.

En anticipación a este regalo de salvación, Dios dio a toda la humanidad la gracia común a través del pacto noético. La gracia común, sin embargo, no debe ser entendido como un sustituto de la gracia particular. Es decir, la gracia particular es definido como el reconocimiento explícito de la identidad del Redentor. Este es el significado más profundo del escándalo de la particularidad y es la razón por la cual el cristianismo siempre ha resultado ofensivo a la razón humana (los griegos) y una piedra de tropiezo para los moralistas (los judíos – 1 Corintios 1:23).

Estos capítulos en la historia bíblica – la caída y la redención – parecen ser injustas siguiendo las normas iluminadas modernas, especialmente cuando hay tantas personas sabias y buenas que nunca han oído acerca de Jesús. De hecho, la confianza en la sabiduría y la virtud humana es una de las convicciones principales de la ilustración y una de las grandes razones por la cual el cristianismo a veces suele resultar ofensivo.

Con toda su ortodoxia, Karl Rahner refleja la influencia de la ilustración. Mientras que los cristianos anónimos no conocen a su Salvador, pueden comoquiera estar bien con Dios con la ayuda de la gracia universal. Lo que hace falta es el realismo de la reforma, el enfrentamiento con las consecuencias reales de la caída. No hay nada en nosotros – ni por nuestros propios méritos ni con la ayuda de la gracia común – que nos puede salvar. Sólo Cristo, conocido a través de las Escrituras, ofrecido solamente por gracia, recibido únicamente por fe nos puede salvar.

Claro que Rahner tiene razón al decir que el cristianismo no puede ser ni irracional ni inmoral. Por eso, argumenta él, tiene que haber sabiduría y justicia en nuestro entendimiento del destino de miles de millones de almas que nunca oyen el evangelio en el trascurso de sus vidas. Pero no puede ser al costo de abandonar el escándalo de la particularidad que es central a la historia de la redención.

Sanders tiene que contestar dos preguntas claves si desea defender su versión evangélica del cristianismo anónimo de Rahner.

1° ¿Cómo es que sostiene la caída y la redención en su versión del cristianismo anónimo?

2° ¿Dónde queda la seriedad con que los reformadores trataron el asunto de la caída y su correspondiente implicación de que ningún esfuerzo humano puede salvarnos que no sea en el poder de Cristo?

Enfrentando los Textos del Antiguo Testamento

El análisis de los textos del Antiguo Testamento que presenta Sanders sugieren la aplicación de la obra redentora de Cristo a aquellos que no lo conocen. Yo veo dos errores claves en este análisis.

En primer lugar, la concordancia de Cruden identifica dos sentidos de la palabra *salvación*: 1. Preservación del peligro o de la tribulación y 2. Liberación del pecado y sus consecuencias. De las 58 instancias de la palabra *salvación* en el Antiguo Testamento, cada uno de ellos ocurre con el primer sentido – la preservación de Israel, la liberación de sus enemigos, etc. Esto no se refiere a la liberación del pecado sino a la liberación del dolor y de la tristeza. El primer sentido tiene que ver con las cosas de este mundo

– un significado horizontal si se quiere – mientras que el segundo sentido tiene que ver con la relación entre el hombre y Dios – un significado vertical.

Dios libera a su pueblo del dolor sin lugar a dudas. También los libera del pecado. La liberación del dolor puede venir a aquellos bajo el símbolo del arco iris, el pacto noético. Pueden ser liberados de peligros y tribulación por la gracia de Dios. La gracia común nos es dada para liberarnos de las consecuencias inmediatas de la caída pero no es suficiente para enmendar nuestra relación con Dios.

En segundo lugar, hay una larga tradición en el cristianismo que afirma la salvación personal de aquellos que tienen una fe abrahámica, fundado en la discusión de Pablo en Romanos 4. Hay, entonces, un reconocimiento de la justificación por fe previo al conocimiento de Cristo. Pero esta fe tiene que ver con una respuesta a las acciones salvíficas de Dios entre sus elegidos donde se escucha la palabra de misericordia. Esto es la fe dentro de la trayectoria de la historia de la salvación y no es un principio de fe generalizado.

¿Cómo se relaciona la fe abrahámica a la fe en Cristo? Tenemos que leer tanto Romanos 4 como las referencias al Antiguo Testamento de forma canónica con atención especial a la verdad unificadora de que "si confiesas con la boca que Jesús es el Señor y crees en un tu corazón que Dios lo levantó de entre los muertos, serás salvo (Romanos 10:9) y que "todo Israel será salvo" (Romanos 11:26).

Los padres apostólicos (Justino, Ireneo, Clemente de Alejandría, Orígenes, Hipólito, entre otros) enseñaban que los judíos creyentes – los patriarcas – conocerán en la esfera de la muerte que su Salvador es Cristo Jesús. Ellos eran exponentes tempranos de la perseverancia divina. En este caso, sin embargo, no tenía que ver con la predicación del evangelio pero con el conocimiento de la persona y obra de Jesucristo como la fuente de la fe abrahámica.

John Sanders tiene razón cuando afirma la centralidad de la encarnación, la expiación y el deseo universal de Dios de salvar a los pecadores. Su error es en lo que niega, pues la salvación personal es inseparable de la confesión de Jesucristo como Señor y Salvador.

RESPUESTA A SANDERS
Ronald H. Nash

En respuesta a la intervención de Sanders le ruego al lector que lea primero mi propia intervención sobre el restrictivismo antes de proceder a leer la crítica que sigue. Le pido esto por dos razones. El espacio limitado que se le permite a cada autor para responder hace imposible incluir toda la información necesaria para evaluar el inclusivismo. En segundo lugar, existen puntos importantes que no se podrán captar en su totalidad si aun no se ha leído el capítulo que afirma la perspectiva restrictivista. Por esta razón, incluyo varias pausas en esta respuesta que sirven de hito al lector para recordarle que lea mi intervención completa antes de seguir.

*   *   *   *

El inclusivismo es una teoría peculiar. Entre menos se sabe de la teoría, más atractiva parece. Pero al analizarla en mayor profundidad, sus imperfecciones se hacen obvias. El capítulo de John Sanders sugiere su desagrado con los cristianos que enfatizan la importancia del conocimiento. Los llama gnósticos, nombre que coincide con una de las grandes herejías cristianas de la historia. Sospecho, sin embargo, que hay muchas cosas que no quiere que los cristianos sepan acerca del inclusivismo.

Yo me opongo a cualquier teología que sugiere que en la ignorancia se obtiene el paraíso. Creo que debemos saber todo lo que se puede saber acerca de la fe cristiana incluyendo el papel ineludible que ocupa el conocimiento. También creo que debemos saber todo lo que nos sea posible acerca de las religiones no-cristianas incluyendo esos rasgos que hacen difícil que sigan las condiciones que propone Sanders para la salvación inclusivista. Finalmente, creo que tenemos el derecho de saber más acerca de las características del inclusivismo que Sanders suele abreviar.

El Manejo de las Escrituras de Sanders

Las falacias exegéticas en el análisis de Sanders del Faraón no son tangenciales a su argumento. Al contrario, constituyen la parte mayor de su intento de descalificar el apoyo bíblico abundante para la posición restrictivista. Sanders piensa que la narrativa del Éxodo demuestra "el amor y la gracia de Dios aun al Faraón quien oprimía cruelmente al pueblo de Israel." De hecho, Sanders insiste en que durante toda la confrontación entre Moisés y el Faraón, Dios se esforzaba por llevar al Faraón a una relación salvífica con él.[1] Su análisis requiere de una inspección cuidadosa. Pues, no es la primera vez en que en la evidencia bíblica presentada se vislumbra la tendencia de inyectar teorías al texto en vez de dejar que las teorías salgan de la Biblia.

Un punto clave en el argumento de Sanders es que la palabra hebrea para "conocer" en los capítulos correspondientes "conlleva la idea de un conocimiento relacional y redentor." El procedimiento que aplica Sanders es una falacia dentro de los estudios léxicos que podemos llamar la sobrecarga semántica. Una sobrecarga semántica ocurre cuando el intérprete toma una palabra que tiene un significado en un contexto determinado y aplica el mismo significado en un contexto totalmente diferente. Es cierto que la palabra "conocer" (*yadâh*) puede referirse a "un conocimiento relacional y redentor" (véase Jeremías 31:34). Pero la palabra no tiene ese significado en cada contexto que aparece. En los pasajes bajo consideración en Éxodo, la palabra hebrea *kî* sigue el verbo "conocer" en los tres casos que cita Sanders (Éxodo 7:5, 17; 8:10). Esta construcción – *yadâh kî* - indica no un conocimiento personal sino un conocimiento objetivo de los hechos. En los versículos en cuestión, el propósito de Dios no era de salvar al Faraón sino más bien de demostrarle su poder y para dejarle saber que Jehová es el verdadero y soberano Señor. Este es el mismo tipo de conocimiento que tendrán todos los perdidos en el día de juicio. La idea de que Dios quiere salvar al Faraón es ajena al texto.

La idea de que el endurecimiento del corazón del Faraón fue en realidad un fortalecimiento del corazón es otro ejemplo de la sobrecarga semántica. El verbo hebreo *hazaq* puede referirse a "fortalecer," pero es obvio que no es su significado en este contexto. Si Dios hubiera querido fortalecer el corazón del Faraón, se habrían notado resultados positivos. De hecho, cada instancia de endurecimiento está envuelto en la intención de Dios, la intencionalidad del Faraón y una resistencia abierta por parte del Faraón a los propósitos de Dios. El lector cuidadoso notará en el texto múltiples indicaciones de la conducta insincera del Faraón.

En Éxodo la palabra *hazaq* claramente quiere decir endurecimiento. El hecho de que los corazones de los siervos del Faraón fueron endurecidos y aun así imploraron que el Faraón dejara ir a Israel no es razón para creer lo contrario. Lo que querían los siervos era liberación de las plagas. No hay indicación alguna de arrepentimiento o creencia.

Es cierto que las plagas tuvieron lugar con propósitos redentores pero eso no fue su objetivo final. Sanders no entiende que la gloria de Dios es el objetivo de su obra. La salvación del justo siempre se acompaña por la retribución divina en contra del malvado. En su discurso inaugural, Jesús mismo indicó que no había venido para salvar a todos (Lucas 4:24-28).

El comentario que hace Sanders con respecto a Jonás tampoco es convincente. Naturalmente los creyentes deben buscar evangelizar a los no creyentes.

Solo Dios conoce la identidad de los elegidos así que nosotros tenemos que percibir a todos como si fueran potencialmente entre los elegidos.

Al considerar la evidencia abundante en el Nuevo Testamento que apoya el restrictivismo, Sanders recurre a parábolas como la del hijo pródigo y la de la boda del hijo del rey. El lector astuto reconocerá el tratamiento tendencioso de estos pasajes. El buen estudiante de la interpretación bíblica sabe que los pasajes literales y didácticos tienen precedencia sobre los pasajes parabólicos. Cuando una doctrina se sostiene únicamente con evidencia de pasajes parabólicos se sabe que hay problemas.

También interesa notar que Sanders omite de su discusión los pasajes neo-testamentarios que enseñan el restrictivismo directamente. Por ejemplo, no hay reconocimiento alguno de Juan 3:18: "El que en él cree, no es condenado, pero el que no cree, ya ha sido condenado, porque no ha creído en el nombre del unigénito Hijo de Dios." Tampoco interpreta 1 Juan 5:12: "El que tiene al Hijo, tiene la vida; el que no tiene al Hijo de Dios no tiene la vida." En mi capítulo sobre el restrictivismo explico estos pasajes y otros en defensa de la postura restrictivista.

Al ocuparnos de decidir qué posición es la mejor, no debemos de tomar por sentado que el restrictivismo carece de apoyo bíblico. Es insincero obviar la evidencia positiva del restrictivismo recurriendo a interpretaciones dudosas del tratamiento de Dios con el Faraón y de algunas parábolas del Nuevo Testamento.

El Lugar del Conocimiento en la Salvación

Sanders admite que la fe tiene que incluir la verdad y el conocimiento.[2] La fe salvadora no se puede alcanzar sin el conocimiento de información verídica acerca del objeto de la fe, que en esta caso es Dios. Como bien señala Sanders, "la fe genuina en Dios contiene algo de la verdad acerca de Dios, si bien esa verdad proviene de la Biblia o proviene de la obra de Dios en la creación." El problema con el argumento de Sanders es que toma esta afirmación y le añade modificaciones excesivas.

Sanders se pregunta qué tanta información es necesaria para entrar en una relación salvadora con Dios. En su afán de evitar la conclusión de que es necesario un conocimiento de Jesús, Sanders se pregunta "¿Es el conocimiento lo que nos salva o es Dios?" Esta pregunta capciosa no logra esclarecer el asunto, pero aun así insiste en denigrar la misma verdad que acaba de decir que era esencial para la salvación.

Sanders cita al teólogo evangélico J. Gresham Machen quien dice "Nadie sabe cuan poco puede creer un individuo y todavía alcanzar la salvación."[3] Esta cita es poco sincera. Machen hizo este comentario en el contexto del debate entre la ortodoxia protestante y el liberalismo en el primer tercio del siglo XX. Todos conocían las creencias evangélicas acerca de la encarnación, el nacimiento virginal, la expiación y la resurrección de Cristo. Machen se refería no a la ignorancia completa del no evangelizado sino a la creencia selectiva de los protestantes liberales. No hay justificación por sacar las palabras de Machen de su contexto como un pretexto para desdibujar a Machen como un inclusivista latente. Anteriormente me referí a la falacia de la sobrecarga semántica. Este es un caso de la sobrecarga textual.

Sanders rechaza la creencia que los seres humanos deben poseer ciertos tipos de creencias objetivas como condición necesaria de una relación con Dios.[4] Dice que esta posición se reduce a la antigua herejía del gnosticismo.[5] Esta afirmación no cuadra con la insistencia del mismo Sanders de discutir el restrictivismo de forma irénica. El acusar al oponente de herejía gnóstica no contribuye a la conciliación. Otras preguntas surgen cuando se descubre que bajo la definición falsa del gnosticismo que adopta Sanders, Pablo (Romanos 10:9-10), Juan (Juan 20:30-31) y aun Jesús (Mateo 16:13-17) terminan siendo gnósticos puesto que todos afirman que el conocimiento de Jesús es necesario para la salvación.

Pero algunos podrán decir que yo mismo estoy haciendo a Sanders lo que he dicho que él hace a los restrictivistas – o sea, distorsionando su posición. Sanders admitió que la fe tiene que tener un elemento de verdad. Aun si su cantidad es mínima, la verdad es la verdad. Mi respuesta es que la posición de Sanders, a final de cuentas, sugiere que los no evangelizados podrían ser salvos sin conocimiento alguno de la verdad.

Comencé esta respuesta sugiriendo que hay facetas del inclusivismo que Sanders mismo no entiende o que tal vez quisiera ocultar. Ahora nos aproximamos a lo que me refería.

El Contenido de la Revelación General

La revelación general no puede ser revelación a menos que imparta conocimiento. Esta información, como proviene de Dios, tiene que ser verídica.

Suspendiendo por un momento el presente debate, nos podemos preguntar: ¿qué tipo de información debe proveer la revelación general? Yo sugiere que de la revelación general se desprende la siguiente información:

1. Que Dios existe
2. Que Dios creó el universo físico
3. Que Dios es amoroso
4. Que Dios es personal, pues el amor no es característica de una deidad impersonal
5. Que Dios es un ser moral[6]
6. Que hemos violado la ley moral de Dios y por lo tanto somos culpables
7. Que hemos desagradado al Dios absolutamente justo que es el autor de la ley moral

Aunque me falte espacio para hacer un argumento íntegro, los vacíos en el argumento de Sanders acerca del contenido de la revelación general sugieren que él no aceptará mis siete proposiciones acerca de este contenido. Creo que hay una razón por esto. Considere como la cultura religiosa del panteísta cierra la posibilidad de una consideración seria de la personalidad, la soberanía y la moralidad del Dios creador. Por mucho que hable Sanders de la revelación general, no veo indicio alguno que interactúe de forma realista con las cosmovisiones anti-teísticas que predisponen al rechazo de todo el contenido relevante y esencial que hay en la revelación general. En el momento que un panteísta, politeísta o animista comience a pensar seriamente en la posibilidad de un Dios personal, soberano y creador, ya se ha alejado de su antigua religión. ¿Hay evidencia que esto sucede con frecuencia aparte de la luz adicional de la revelación especial?

La Trama se Complica

Ahora debemos de recordar algunos de los puntos en el capítulo de Sanders que probablemente no captaron la mayoría de los lectores. Sanders dice: "El Dios de la Biblia es asombroso: incluye a todos en su gracia y derrama juicio únicamente sobre aquellos que han rechazado la gracia. Dios ya ha aceptado a la humanidad y ya ha reconciliado cada individuo a sí mismo. Lo que sucede es que no todos aceptan su paz reconciliadora. Los salvos responden en fe a las múltiples gracias de Dios. Los que perecen, perecerán por su rechazo de la gracia de Dios." Sanders afirma que los inclusivistas reclaman el derecho de considerar a todos los no evangelizados como si fueran salvos. Una persona no puede estar perdido hasta que no rechace el evangelio.

Cuando este supuesto se convierte en una faceta esencial del inclusivismo comenzamos a percibir las fallas en el resto del sistema. Cada ser humano se incluye bajo la gracia de Dios hasta que lo rechace. En ese momento es excluido de la gracia e incluido en el juicio. Es obvio que los únicos que pueden rechazar el evangelio son aquellos que lo han oído. ¿Cómo es posible que el no evangelizado rechace a Jesús sin conocer nada acerca de él?

Las palabras de Sanders, entonces, constituyen una nueva versión del universalismo para los no evangelizados. Es una especie de universalismo que admite un solo camino a la perdición – o sea, el rechazo del evangelio. En base a lo que Sanders ha dicho, es difícil de concebir de una persona no evangelizada que puede estar perdido.

El descubrimiento devastador que he hecho en torno al inclusivismo de Sanders se comprueba cuando dice: "La perspectiva inclusivista propone que el Padre alcanza a los no evangelizados a través del Hijo y del Espíritu en una revelación general en la conciencia y la cultura humana." La revelación general y la conciencia se refieren a la misma cosa, supongo. Lo que me interesa en esta afirmación es la idea de que Dios alcanza a los no evangelizados por medio de la cultura humana. Es imposible entender apropiadamente la cultura humana sin tomar en cuenta el papel de la religión. A menos que Sanders quiera admitir que usó un lenguaje descuidado, hay que concluir que en el fondo Sanders piensa que Dios alcanza a los no evangelizados por el medio de las religiones no cristianas. ¿No es un problema afirmar que el Dios personal, soberano y trino de la Biblia alcanza a los no evangelizados a través de religiones y cosmovisiones panteístas, politeístas, animistas e incluso ateas? Y ¿no es más desconcertante aun que estas religiones y cosmovisiones muchas veces incluyen la idolatría y hasta el sacrificio humano?

A los inclusivistas les encanta hablar de su "principio de fe" (Hebreos 11:6). Pero no debemos perder de vista que aun esta minimización de la fe incluye necesariamente dos creencias: que Dios existe (de forma personal, trino y soberano como lo presenta la Biblia) y que Dios recompensa a los que lo buscan. La verdad es que un panteísta, politeísta, animista o ateo no puede siquiera satisfacer la condición del principio de fe del inclusivista.

Comencé esta respuesta con la afirmación que entre menos sabe uno del inclusivismo más atractivo es. Pero entre más se sabe del inclusivismo menos atractivo es. Con el respeto merecido, tengo que admitir que a John Sanders y a otros inclusivistas les queda mucho por explicar para rellenar los vacíos de su argumento.

PERSEVERANCIA DIVINA
GABRIEL FACKRE

Durante el siglo XIX, el evangelio se llevó desde Boston a las islas remotas del pacífico y miles de hawaianos se convirtieron. Después de algún tiempo, sin embargo, surgió la pregunta inquietante de los recién convertidos: ¿Y qué de nuestros antepasados? Ellos nunca escucharon las buenas nuevas. ¿Podían los misioneros darles una respuesta?

En Nueva Inglaterra durante los últimos años del siglo XIX el tema de los no evangelizados se volvió un tema de mucha preocupación. Los misioneros regresaron a Boston con las inquietudes de los hawaianos y se las presentaron a los teólogos, a las iglesias, al clero y a los laicos. Se debatieron diferentes perspectivas en los periódicos eclesiásticos, en las juntas de misiones y en los seminarios. Las discusión llegó a tal punto que la famosa revista nuyorquina *Puck* publicó una caricatura en que un grupo de profesores echaba otro grupo del barco – cada profesor que caía del barco representaba una teoría de la salvación. De esta controversia surgió una perspectiva muy semejante a la que presento en estas páginas.[1]

La convicción "postmortem", sin embargo, no inició hace apenas cien años. Apareció en una etapa temprana de la historia del cristianismo y se ha defendido aleatoriamente desde esa época especialmente cuando los temas del evangelismo y el pluralismo han llegado a ser puntos de controversia. Algunos grandes almas han defendido esta postura. Y claro que aquellos que creen que la muerte no es una barrera para la búsqueda de las almas perdidas por parte de Dios argumentan que su fundamento se encuentra en el corazón del mensaje bíblico.

¿Puede ser que esta perspectiva, discutida tan ferozmente en las luchas misioneras del antaño, tenga algo que decir en la actualidad? ¡Claro que sí! Mientras que esta postura aun no ha ganado la aceptación mayoritaria, así como muchas enseñanzas cristianas me parece que esta requiere de un período de gestación en que pueda surgir una visión más clara. Las controversias cristológicas sobre la identidad de Cristo como totalmente Dios y totalmente hombre tomaron 400 años para resolverse.[2] En estos momentos nos encontramos en medio de una controversia semejante tocante al destino de los no evangelizados. No existe un argumento totalmente parsimonioso para cualquiera de las posiciones. Tenemos que escudriñar las Escrituras y mantener el diálogo en el amor fraternal. Este libro es un paso en esa dirección.

Para nosotros, este asunto es motivo de preocupación tanto para los creyentes actuales como para los misioneros de antaño. La facilidad de viajar, la comunicación mediática instantánea y las migraciones masivas han incrementado el contacto con personas de distintas religiones y personas sin religión alguna. La época de la globalización nos hace ver de forma constante que hay miles de millones de personas en este mundo y muchos de ellos – la mayoría tal vez – nunca oirán el evangelio. ¿Cómo es que Cristo puede decir "yo soy el camino, la verdad y la vida. Nadie viene al Padre sino por mi" (Juan 14:6)? La pregunta es urgente. ¿Llegará la iglesia a un acuerdo en este asunto así como lo hizo en cuanto a la persona de Cristo?

Perseverancia Divina

Sabemos que estamos frente a una pregunta enigmática cuando encontramos que hay varias maneras de abordarla. Las etiquetas cambiaron y se complicaron en los debates de los primeros siglos sobre la relación verdadera entre Jesús y Dios. Llegaron a la escena una serie de movimientos que enfatizaban la humanidad de Jesús y des-enfatizaban su deidad: el ebionismo, el adopcionismo, el arianismo y otros. Y luego había los oponentes quienes enfatizaban la divinidad pero ignoraban la base escritural de su humanidad: el docetismo, el apolinarismo, el monofisitismo y otros.

Nos encontramos con la misma variedad de nombres y partidos en la discusión actual sobre el destino de los no evangelizados. Las etiquetas para la perspectiva abordada en este capítulo son múltiples. Se ha llamado la "probación futura", la "segunda probación", el "evangelismo escatológico", el "evangelismo post-mortem" o PME por sus siglas en inglés.

Necesitamos una etiqueta que sea más descriptivo a la convicción central de esta perspectiva. Yo propongo la etiqueta *la perseverancia divina*. Claro que todos los evangélicos conocen la "doctrina de la perseverancia."[3] Esa antigua idea tiene que ver con la perseverancia de los santos, o sea, la seguridad eterna de la salvación. En este caso, la perseverancia tiene que ver con Dios. Dios es resoluto en el evangelismo. Nunca deja de hacer que su evangelio se proclame. En este mundo, Dios nos ha dado potestad para llevar el evangelio a cada rincón del planeta. Pero la Palabra también se proclamará entre aquellos que no han sido alcanzados en este mundo aunque tome una eternidad. Estoy convencido de que el poeta Francis Thompson tenía razón – Cristo, el sabueso del cielo, nos busca hasta el fin.

Aprendiendo de Nuestros Antepasados

La defensa evangélica de cualquiera doctrina tiene que basarse en las Escrituras. Mi argumento a favor de la perseverancia divina, pues, descansará sobre todo en la evidencia bíblica. Pero primero es necesario aclarar cómo se lee la Biblia correctamente. En la Biblia aprendemos que existe un mal uso de las Escrituras (Mateo 4:5-6). Por eso, vamos a elegir una ruta más extensa hacia a nuestro destino aclarando algunas de las preguntas preliminares. En nuestra discusión aprenderemos de la experiencia de nuestros antepasados que debatieron ferozmente la cuestión de la persona de Cristo.

Una cosa que aprendimos en esos debates sobre la interpretación de la Biblia fue "la analogía de la fe." O sea, que las Escrituras interpretan las Escrituras. Puesto que la Biblia tiene una unidad total en su enseñanza, podemos esclarecer pasajes difíciles al compararlos con otros pasajes análogos. Por eso, la lectura de cualquier parte de la Biblia se tiene que hacer a la luz de toda la Biblia, a todo el canon de las Escrituras. Esta aproximación canónica está basada en la creencia que el Dios que es la fuente de inspiración de la Biblia es de una sola mente. El significado verdadero de un pasaje no puede contradecir otros pasajes en la Biblia. Al investigar ciertos pasajes claves sobre la perseverancia divina, lo haré de forma canónica y con la ayuda de la enseñanza total de la Biblia.

Otro principio que recogemos de los debates de los primeros siglos del cristianismo es que existe coherencia no sólo de textos sino también de enseñanzas. (De hecho, es difícil separar las enseñanzas). La verdad de una doctrina arroja luz sobre la verdad de otra doctrina. En algunos círculos teológicos (tanto en el pasado como en nuestros días), la analogía de fe quiere decir la búsqueda de la armonía de toda la enseñanza cristiana.

La relación entre la doctrina de la persona de Cristo y la doctrina de la Trinidad es un buen ejemplo de esa armonía. Ambas doctrinas se desarrollaron en paralelo. Los teólogos de esa época decían que el Hijo es una persona "de la misma sustancia" que la persona del Padre tal como lo afirma el Credo de Nicena de 325 AD. También concluyeron en base a las Escrituras que el

Espíritu Santo no era un poder impersonal sino que era un sujeto personal. En base a estos argumentos, Dios consiste en tres sujetos distintos. Pero Dios no puede ser tres diferentes sujetos sin caer en el error del politeísmo. El Dios de la Biblia es un solo Dios. Los sujetos son tan íntimos, tan mutuos (tan "inexistentes" como dirían los padres apostólicos del vocablo latín que quiere decir "existir el uno dentro del otro" 1 Juan 4:8) que los tres son en realidad uno, el Dios trino de la fe cristiana clásica. Puesto que lo que se enseña acerca de la persona de Cristo (que Cristo es Dios junto con el Padre y el Espíritu Santo) tiene que cuadrar con lo que se enseña acerca de Dios (que Dios es uno). Las doctrinas verdaderas mostrarán armonía, se integran y se esclarecen entre si.

Siguiendo esta pauta, compararé la cuestión del destino de los no evangelizados con otro problema difícil de la teología cristiana, el problema del mal. Los dos temas tiene mucho en común. Las misma doctrinas escriturales que se conjugan para responder al problema del mal tienen que colindar también en respuesta a la pregunta que estamos considerando aquí. La historia del debate sobre la teodicea (el nombre técnico para el problema del mal) ha producido partidos muy semejantes a los que se encuentran en el debate acerca del destino de los no evangelizados.

La Perseverancia Divina y el Problema del Mal

La teodicea hace la siguiente pregunta: ¿cómo se justifica la bondad de Dios en un mundo con tanta maldad? Es una pregunta que el cristiano enfrenta a diario al ver los sufrimientos de aquellos que no parecen merecerlo. Al encarar estas agonías, ¿cómo puede el cristiano mantener en armonía las enseñanzas elementales de que Dios es todopoderoso, que Dios es bondadoso y amoroso y que la maldad es real?

Las soluciones populares a este problema – que en

realidad no son soluciones – tienen una característica en común. Cada uno elimina una de las enseñanzas elementales. Seguramente el lector ha escuchado cada una de estas respuestas.

1. Sí, Dios es bondadoso y la maldad es real, pero Dios no es todopoderoso. Hay cosas malas que suceden que están fuera del control de Dios. Dios es poderoso pero no es todopoderoso. Hay que aprender a vivir con estas limitaciones y aceptar la injusticia del sufrimiento de los inocentes. El rabino Harold Kushner ha popularizado esta idea en su libro *Cuando cosas malas le suceden a personas buenas.*

En esta respuesta se le da prioridad a la realidad del mal y a la bondad de Dios, pero se olvida el poder total de Dios.

2. Sí, Dios es todopoderoso, preside sobre todo el universo y justamente castiga el pecado y recompensa el bien. Donde existe sufrimiento, pues, existe por alguna razón. Aunque no parece ser justo, es parte del plan. Hay que aceptarlo y aprender a vivir con él. Los consejeros de Job hicieron una observación parecida.

Aquí se enfatiza el poder de Dios y la realidad de la maldad. Pero ¿qué de su bondad y de su amor?

3. Sí, Dios es todopoderoso, bondadoso y amoroso. En este mundo, lo que aparenta ser malo no siempre lo es. Hay que cambiar de actitud y ver las cosas desde la óptica correcta. La Iglesia de Cristo Científico suele adoptar esta perspectiva.

Se enfatiza el poder, la bondad y el amor de Dios pero se suprime la realidad de la maldad.

Existen muchos paralelos entre las soluciones propuestas del problema del mal y las que se proponen para responder al problema del destino de los no evangelizados. Aquí está una lista de esas variadas respuestas:

1. Una perspectiva enfatiza la bondad y el amor de Dios. El poder de Dios permanece en la retaguardia. El mundo

está diseñado de forma que todos sabrán lo que es correcto y lo harán. Será así porque un Dios de amor no condena a nadie. Esta es la doctrina del universalismo. Según este doctrina, a final de cuentas, toda la humanidad será salvo.

Pero si todos son salvos ¿no es una realidad la maldad?

2. Otra perspectiva enfatiza el poder de Dios y toma en cuenta también la realidad de la maldad. Puesto que Dios es todopoderoso, las cuentas finales se conciliarán conforme a su beneplácito. Eso puede querer decir que el todopoderoso escoge a quien salvará y a quien pasará por alto o que Dios decide a quien extender la oferta de las buenas nuevas. Estas son variaciones de la perspectiva restrictivista.

Pero si Dios arbitrariamente elige a unos y rechaza a otros, ¿qué de la bondad de Dios?

3. Otra perspectiva enfatiza la bondad de Dios y la realidad de la maldad al permitir a todos la oportunidad de hacer una decisión por Cristo. Si no tienen la oportunidad de conocer a Cristo directamente, entonces Dios les dará la oportunidad de conocerlo indirectamente a través de otro canal de revelación. Esta es la perspectiva inclusivista.

Pero si la extensión directa del evangelio es limitado por el mundo, ¿qué ha sucedido con el poder de Dios?

Claro que ni la cuestión de la teodicea ni la del destino de los no evangelizados se puede resolver en base a estas generalidades. Pero sí aprendemos algo de ellas. Una perspectiva suele exaltar una verdad importante pero ignorar o rechazar otras verdades igualmente importantes. De hecho, en el caso presente, las perspectivas 1, 2 y 3 pueden ser ciertas en lo que afirman pero erradas en lo que niegan. Estas perspectivas nos incitan a buscar una visión más amplia que incluya y armonice las tres verdades centrales del amor de Dios, el poder de Dios y la realidad de la maldad.

La perseverancia divina es una clave para llegar a esta visión más amplia en cuanto al problema del mal y el problema de los no evangelizados. Consideraremos los paralelos entre estos dos problemas y luego haremos un análisis escritural de la visión de la perseverancia divina.

Teodicea y Perseverancia Divina

No se puede eliminar ninguna de las tres realidades que entran en tensión en la teodicea. Sin embargo, a mi parecer, una de ellas ha sido mal entendida: *el poder de Dios.*

Nuestra naturaleza caída nos hace víctimas de lecturas tergiversadas de la Biblia. En vez de leerla en su propio contexto tendemos a introducir conceptos y contextos de nuestra sociedad. La noción de *poder* fuera de los círculos de la fe, tiene una connotación de dominio y subyugación. En los viejos tiempos, los reyes y emperadores gobernaban con mano dura. Y así se entendía el poder – como un gobierno autoritaria y arbitrario. En nuestros tiempos se conceptualiza el poder de forma similar.

La idea secular del poder como la dominación instantáneo de todo y todos muy frecuentemente se introduce en la lectura del evangelio como el poder de Dios. Sí, poder quiere decir la habilidad de alcanzar las metas deseadas. Pero el poder de Dios no opera de la misma forma que el poder del hombre. Al contrario, "la debilidad de Dios es más potente que el poder humano" (1 Corintios 1:25). El poder de Dios es el poder de la cruz. Como cristianos, nuestro entendimiento de poder – así como nuestra visión más amplia de todas las cosas – proviene no de "sabiduría humana" (1 Corintios 1:25) sino de la Palabra de Dios – el Verbo hecho carne en Jesucristo tal como fue revelado en la Palabra de Dios.

Al considerar el problema del mal desde este ángulo, la perspectiva es muy distinta. El poder de Dios no tiene que ver con fuerza. Sí, Dios se contrapone totalmente a la maldad. Sí, nadie se va a escapar del juicio. Pero no, Dios no subyuga ni abusa de su creación. Se nos da una invitación de dar un sí o un no a la voluntad de Dios. "Escoge hoy a quien servirás" (Josué 24:15). Toda la historia de la salvación que encontramos en la Biblia es la historia del esfuerzo de Dios para alcanzar al hombre, de la perseverancia en buscarnos y en esperar nuestra respuesta. Es la historia del reniego, de la obstinación del hombre y de sus consecuencias destructivas. Y esta actitud de renuencia y obstinación no es sólo del hombre, sino también es de los poderes y las potestades del aire.

Al centro de la historia, Dios hace la movida decisiva para reconciliarse con el mundo: la concepción milagrosa, el nacimiento en un pesebre, el ministerio de predicación y sanidad, la pasión, muerte, resurrección y ascenso de Jesucristo. Su encarnación y expiación determinan y descubren el clímax de la historia. Viene un gran día cuando se establecerá el reino perfecto; todo mal será corregido, todo defecto enderezado, y Dios será todo en todos (1 Corintios 15:28).

Es por eso que solemos leer Romanos 8 en los servicios fúnebres cristianos. Declaramos allí la victoria final en el tiempo verbal del futuro: nada "nos separará del amor de Dios en Cristo Jesús nuestro Señor"; "ni la muerta, ni la vida, ni ángeles, ni principados, ni lo presente, ni lo por venir, ni lo alto, ni lo profundo, ni ninguna otra cosa creada" (Romanos 8:38-39).

Es clarísimo en este pasaje que el poder de Dios es, misteriosamente, la vía de la cruz, la debilidad de Dios. El poder supremo no es la fuerza autoritaria de Dios sino que es vulnerabilidad. Eso quiere decir que Dios no nos subyuga pero, al contrario, permite que el mundo prosiga en su rebelión – aun hasta el punto de que crucificaran a su propio Hijo. El sufrimiento y la maldad tienen un papel en el drama de la redención.

El amor de Dios es *paciente* y *persistente*. Es más duradera que nuestra rebelión. Su "debilidad" es más poderosa que nuestro rechazo. La debilidad es una poderosa impotencia, una vulnerabilidad victoriosa.

La victoria final de esta paciencia poderosa, sin embargo, aun no ha ocurrido. Cuando llega a su fin, el reino vendrá – la resurrección de los muertos, el regreso de Cristo, el juicio final y la vida eterna. Al final, Dios arreglará todas las cuentas, hará del sufrido un campeón y validará los propósitos divinos.

Para los creyentes, el domingo de Pascua es la demostración del reino de Dios. La confianza en el Cristo resucitado y el reino venidero nos da el poder de mantenernos ante las fuerzas de la maldad y de soportar el sufrimiento y la tribulación que sigue siendo parte del mundo. Una escatología fuerte resulta en una piedad profunda y en una ética poderosa.

Los cristianos viven en la esperanza del poder escatológico de Dios, en la esperanza que el todopoderoso se establecerá en los últimos tiempos según su propia paciencia y persistencia. No depende de nuestra impaciencia. Es a ese amor y a ese poder que le damos toda la gloria y el honor.

Los No Evangelizados y la Perseverancia Divina

La teodicea escatológica – la perseverancia divina en imponer toda la bondad y el poder de Dios en la maldad – tiene su contraparte en el evangelismo escatológico – la perseverancia divina en imponer toda la bondad y el poder de Dios a favor de las almas perdidas.

Los evangélicos tienen pasión por las almas. Las buenas nuevas cambian vidas. Hemos hallado "una perla de gran precio" y la queremos compartir. "Id por todo el mundo y predicad el evangelio a toda criatura" (Marcos 16:15). Pero "¿cómo oirán sin haber quien les predique?" (Romanos 10:14). Por eso, los obreros salen a proclamar el evangelio.

Pero la pregunta aquí es, ¿y qué de los que no logramos alcanzar? ¿Qué de aquellos que, por circunstancias ajenas a su voluntad y a la nuestra, no llegan a oír las buenas nuevas de Cristo Jesús?

El creer en la divina perseverancia es tener certeza que la realidad de la maldad, la bondad de Dios y el poder de Dios son fundamentos bíblicos que no se pueden esquivar. En la teodicea de Job, la maldad se refiere al problema del sufrimiento. En la teodicea evangelística, es el problema de los no evangelizados. ¿Cómo podemos justificar la existencia de los no evangelizados? Si Dios es amoroso y todopoderoso, ¿cómo puede permitir que se condenan aquellos que no han oído de la salvación de Jesucristo? Cualquier respuesta tiene que tomar en cuenta cada uno de los fundamentos bíblicos: *la realidad de la maldad, la bondad de Dios* y *el poder de Dios.*

La respuesta es muy semejante a la que encontramos en el problema del mal y revela el amor persistente y poderoso de Dios. Los tres elementos básicos son iguales. Y de la misma manera se tienen que mantener juntos.

1. *La Maldad es Real.* En este caso, la maldad remonta al pecado original. El pecado es universal – "no hay justo ni aun uno" (Romanos 3:10). El pecado oprime nuestros mejores esfuerzos morales y espirituales. "Por cuanto todos pecaron y están destituidos de la gloria de Dios" (Romanos 3:23). Ante la majestad de Dios nos exponemos tal cuales somos. Sólo una justicia fuera de nosotros nos puede cubrir. "Dios, sé propicio de mi, pecador" (Lucas 18:13).

2. *Dios es bondadoso y amoroso.* "Hay un bálsamo en Galaad que sana al herido." En Jesucristo, el Dios de la bondad ha entrado a nuestro mundo pecaminoso. En la vida, muerte y resurrección de Cristo, los poderes del

pecado, la maldad y la muerte han sido conquistados. En la cruz, Jesucristo llevó la carga de nuestros pecados. "Porque Cristo, cuando aún éramos débiles, a su tiempo murió por los impíos" (Romanos 5:6).

En la enseñanza bíblica, especialmente en la tradición reformada, el perdón del pecado cumplido únicamente en la cruz, es impartido por la gracia de Cristo solamente por una fe exclusiva en El. "Justificados, pues, por la fe, tenemos paz para con Dios por medio de nuestro Señor Jesucristo" (Romanos 5:1).

La "decisión por Cristo" que es tan central a la creencia y la piedad evangélica es inseparable de esto. Dios nos da acceso a la obra salvífica del Calvario a través de una respuesta personal de fe en Jesucristo. En su amor infinito, el mismo que llevó nuestras cargas en la cruz también persistirá en buscar a atraer a si mismos todos los que son suyos.

3. *Dios es todopoderoso*. El amor salvador de Dios en Jesucristo presupone el *poder* de Dios. Pero hay una forma especial del poder que se asocia con este tercer fundamento. Siendo el Dios todopoderoso, el creador del mundo y el vencedor del pecado, la maldad y la muerte en la persona y obra de Jesús, Cristo lo puede hacer todo. No hay límites que se le pueden imponer al Dios trino que no sean límites auto-impuestos. El amor y el poder divino llaman a la iglesia a proclamar las buenas nuevas. El amor tierno de Dios pone el tesoro del evangelio en "vasos de barro" (2 Corintios 4:7) y arriesga la proclamación de las buenas nuevas a "lo débil del mundo" (1 Corintios 1:27). Es pues la impotencia poderosa de Dios que sostiene a la iglesia en su misión de ir hasta lo último de la tierra.

La realidad del pecado y nuestra naturaleza pecaminosa limitan la extensión de la misión de la iglesia en el tiempo y en el espacio. No hemos completado la misión. Pero la bondad de Dios es incansable frente a esa realidad. Y el poder de Dios se sobrepone a las limitaciones. Las puertas del hades no prevalecerán en contra de la perseverancia divina. El amor poderoso de Dios asegura que la Palabra Salvadora se proclamará a aquellos que no han oído aun después de la muerte.

A Dios le ha placido obrar mediante una impotencia poderosa. Por eso, nadie es obligado a aceptar la oferta. El poder de Dios es tan grande que puede restringir la imposición de su propia voluntad. Sí, el amor de Dios "quiere que todos los hombres sean salvos y vengan al conocimiento de la verdad" (1 Timoteo 2:4). Pero el poder de Dios pacientemente persistirá en ese deseo y no insistirá en nuestra cooperación. Tenemos la libertad de rechazar la vida eterna. El universalismo, o sea la noción que Dios tiene que salvar a toda la raza humana, es una violación tanto de la libertad de Dios como de la libertad del hombre.

La perseverancia divina, pues, mantiene la integridad de nuestros fundamentos bíblicos. Es un ejemplo de la aplicación de la "analogía de fe" en la enseñanza cristiana armonizando las creencias. Pero, ¿es esta perseverancia divina visible en las páginas de las Sagradas Escrituras?

La Perseverancia Divina en las Escrituras

Primera de Pedro. 1 Pedro 3:19-20 y 4:6 son pasajes predilectos de aquellos que creen firmemente en el amor ilimitado de Dios y su persistencia en alcanzar a las almas perdidas. Comenzaré esta investigación bíblica, pues, con un análisis de estos textos en sus contextos inmediatos y globales. Ha dicho un comentarista sobre 1 Pedro 3:19-20, "Estos versículos han sido catalogados entre los más difíciles en el Nuevo Testamento."[4] En mi análisis de estos versículos, intentaré añadir lo que ha faltado en la explicación de estos versículos: la "analogía de fe" como una lectura canónica de las Escrituras.

Todos los comentaristas concuerdan que la

preocupación más apremiante de Pedro en está epístola es la persecución y el sufrimiento de la iglesia.[5] Los primeros cristianos se preguntaban: ¿Por qué es que siendo el Pueblo de Dios tenemos tanto sufrimiento? Por eso en su epístola Pedro trata precisamente con los dos temas que hemos estado considerando: el problema del mal y el problema de los no evangelizados. Y la forma en que Pedro trata ambos problemas es a través de la proclamación del amor y el poder perseverante de Dios más allá del umbral de la muerte.

En respuesta al primer enigma – la teodicea cristiana – Pedro les alienta a sus lectores exhortándoles a mirar a Jesús quien sufrió y triunfó. Como Cristo sufrió y triunfó así también el cristiano triunfará a pesar de circunstancias adversas. De la misma forma que Dios levantó a Cristo de entre los muertos, así también reivindicará al cristiano.

> Bendito el Dios y Padre de nuestro Señor Jesucristo, que según su grande misericordia nos hizo renacer para una esperanza viva, por la resurrección de Jesucristo de los muertos, para una herencia incorruptible, incontaminada e inmarcesible, reservada en los cielos para vosotros (1 Pedro 1:3-4).

La victoria escatológica es la respuesta a la agonía del sufrimiento de los inocentes, del sufrimiento por hacer lo bueno (3:17). Este mismo argumento apareció anteriormente en mi tratamiento del problema del mal. Podríamos resumirlo de esta manera: "Cristiano, persevera, porque Dios persevera venciendo el sufrimiento y la muerte por el poder de la resurrección en el día final."

En medio del testimonio de Pedro de los eventos del porvenir, encontramos los versículos que son nuestro objeto de consideración. También en estos versículos encontramos una referencia a la muerte y la resurrección de Cristo y a la forma en que Cristo trata con los muertos. ¿Puede ser que estos versículos responden a la misma pregunta que los hawaianos hicieron a los misioneros?

En 1 Pedro 3, Pedro anima a los creyentes a mantener sus convicciones a pesar de las persecuciones. Cristo también sufrió (v. 18) dice Pedro. Como un ejemplo de la perseverancia divina, el autor anota la determinación de Cristo al derribar las puertas de la muerte y "proclamar a los espíritus en prisión" (v. 19). El poder implacable de Cristo y su amor inmenso persisten hasta y más allá del umbral de la muerte. Aun el enemigo supremo, la muerte, no puede detener la proclamación de la Palabra.

¿Quiénes eran estos prisioneros? Eran los muertos que "los que en otro tiempo desobedecieron, cuando una vez esperaba la paciencia de Dios en los días de Noé" (v. 20). No estaban entre los elegidos – "ocho personas salvadas por agua" (v. 20). El diluvio era una prefiguración del bautismo "que ahora nos salva" (v. 21). Si este texto se lee canónicamente (Génesis 5:28-10:32), la referencia es a aquellos que estaban fuera de la salvación especial que Dios había determinado a través de Israel en Cristo Jesús. Eran los seres humanos quienes desde el tiempo de Noé hasta ahora tienen una deuda con Dios. Esa deuda es la deuda del pacto noético.

¿Qué es lo que simboliza el arco iris como señal del pacto noético? Después de la creación y la caída del hombre, "vio Jehová que la maldad de los hombres era mucha en la tierra, y que todo designio de los pensamientos del corazón de ellos era de continuo solamente el mal" (Génesis 6:5). Dios soportó la maldad más profunda del hombre, esperando "pacientemente en los días de Noé" (1 Pedro 3:20). Pero luego vino el juicio. Aun en el juicio, la paciencia y la misericordia de Dios se manifestaron. Se manifestó en la gracia especial hacia a Noé y su familia "salvados por agua" (1 Pedro 3:20) lo cual fue una prefiguración del bautismo de la iglesia.

Pero aun más, Dios dio el arco iris como señal de un pacto mayor con toda criatura de toda carne (Génesis 9:12 y 15). Dios prometió sostener el mundo aun en su rebeldía y desobediencia. Junto con esa promesa dio conocimiento de las reglas para la vida en conjunto en la tierra (Génesis 8:16-9:7).

El Pacto con Noé es tanto una dádiva como una demanda. Dios demuestra su gracia al sostener el mundo en su rebelión. Como parte de esa promesa, Dios provee al hombre un conocimiento de lo que se necesita para vivir. En términos teológicos, esta dádiva universal es conocida como la "revelación general." Es suficiente luz por el cual vivir pero a menudo es ignorado porque "el intento del corazón del hombre es malo desde su juventud" (Génesis 8:21).

En base a la paciencia divina y su actualización en el pacto noético, "los gentiles, andando en lascivias, concupiscencias, embriagueces, orgías, disipación y abominables idolatrías … darán cuenta al que está preparado para juzgar a los vivos y a los muertos" (1 Pedro 4:3-5). Pero la gracia de Dios es tal que aun estos, que han ignorado la luz que Dios ha dado, no serán negados la proclamación de las buenas nuevas – "porque por esto también ha sido predicado el evangelio a los muertos para que sean juzgados en carne según los hombres pero vivan en espíritu según Dios" (1 Pedro 4:6). A los pecadores que mueren sin haber oído evangelio no les será negada la proclamación de las buenas nuevas.

Estos versículos en 1 Pedro 4 corresponden nítidamente a los de 1 Pedro 3. En el capítulo 4 los muertos oyen el evangelio. En el capítulo 3, los del pasado que tenían la luz de la revelación general pero que no la obedecieron no serán negadas la palabra final de juicio y perdón del Señor Jesucristo.

El evangelio que anuncia el perdón que ofrece Dios va en contra de todo instinto humano. Como dice Pablo, contradice la razón y es "locura para los gentiles." Choca con nuestra visión de la justicia y es "piedra de tropiezo para el judío" (1 Corintios 1:23). La oferta de misericordia de Cristo *aquí y ahora* es tan ofensivo a la sabiduría humana como lo es la proclamación del evangelio a los muertos *en el porvenir*. Pero en ambos casos, la locura de Dios (1 Corintios 1:25) nos entorpece y la justicia de Dios sobrepasa nuestras normas. La perseverancia divina traspasa toda barrera impuesta por el hombre.

Si la esperanza del hombre se limita a esta vida entonces sí que somos miserables (1 Corintios 15:19). Pero esto no es el destino de aquellos nacidos fuera de tiempo o lugar. Para ellos también les vienen las buenas nuevas de Jesucristo. "A él sea la gloria y el imperio por los siglos de los siglos. Amén" (1 Pedro 5:11).

Juan y Pablo con Pedro. El Evangelio de Juan junto con la Primera Epístola de Pedro tratan el tema de los no evangelizados. Cada uno de estos libros nos aseguran que hay "otras ovejas que no pertenecen a este redil" y cada uno presenta a Cristo como el que promete a "traer a su redil todos los que escuchan su voz. Así habrá un redil y un pastor" (Juan 10:16). Esa voz claramente se escucha en voz de aquellos que van a las esquinas recónditas del planeta para predicar el evangelio.

Pero ¿qué de los que no escuchan a pesar de nuestros esfuerzos por llevar el evangelio hasta lo último de la tierra? ¿Calla la voz de Cristo para esos individuos? En Juan encontramos que la respuesta a esta pregunta es un no enfático. "De cierto, de cierto os digo: Viene la hora, y ahora es, cuando los muertos oirán la voz del Hijo de Dios; y los que la oyeren vivirán" (Juan 5:25).

Pablo añade al testimonio de Pedro y Juan cuando habla de la libertad de Cristo de traspasar las barreras creadas por los hombres. Así lleva a la cumbre a aquellos que han estado en el pozo: "Por lo cual dice:

subiendo a lo alto, llevó cautiva la cautividad, y dio dones a los hombre. Y eso de que subió, ¿qué es, sino que también había descendido primero a las partes más bajas de la tierra?" (Efesios 4:8-9). Jesucristo es, pues, el Señor de las alturas y de las profundidades y tiene plena libertad de llevar a aquellos que ha llamado de la última a la primera. La misma presencia, libertad y autoridad de Cristo en los lugares más bajas de la tierra es repetida en varios pasajes paralelos en el Nuevo Testamento (Mateo 12:40; Romanos 10:7; Filipenses 2:10; Apocalipsis 1:18, 5:13 y 21:25).

El Relato Bíblico. Existen múltiples pasajes específicos que claramente enseñan el poder de Cristo de llevar el evangelio más allá del umbral de la muerte. Pero la verdad es que esos pasajes nos parecen convincentes por el hecho de que forman parte de un relato bíblico más amplio. Ese relato cuenta de la voluntad resoluta de Dios de reconciliar a si mismo a un mundo rebelde. Se trate de lo que "es bueno y agradable delante de Dios nuestro Salvador, el cual quiere que todos los hombres sean salvos y vengan al conocimiento de la verdad" (1 Timoteo 2:3-4).

El deseo de Dios de salvar – junto con nuestra libertad de resistir – es el trama de las Escrituras desde la creación hasta la caída, desde los pactos con Noé y con Israel, hasta la persona y obra de Jesucristo y el derramamiento del Espíritu en la iglesia, el mundo redimido y la consumación final de todas las cosas.[6]

La totalidad del relato nos demuestra que el cumplimiento del propósito divino es infatigable. Dios no se da por vencido con nosotros. En cada capítulo de la gran historia – capítulos que han sido sistematizados como la eclesiología, la antropología, la cristología, la soteriología y la escatología – hay una perseverancia divina en acción. Junto con este gran drama de la salvación encontramos la voluntad de Dios de que todos lleguen a un conocimiento de la verdad. El menor y el más insignificante no será ignorado o negado acceso a la palabra salvadora de Jesucristo.

La Perseverancia Divina en la Iglesia Primitiva

El patrón bíblico de la búsqueda paciente de Dios fue adoptada por los cristianos en la iglesia primitiva. Se le puso mayor énfasis en los textos bíblicos que apuntaban hacia un estado intermedio y el descenso de Cristo a la esfera de los muertos. Esta última idea, de hecho, fue incorporado al Credo de los Apóstoles.

El resumen escrito por el organizador de este volumen, John Sanders, lo explica muy bien. Comienza citando a H. D. MacCullough

Desde al menos el siglo II no existía una creencia más generalmente aceptada que la del descenso al hades, la victoria sobre la muerte y el infierno, la predicación a los muertos y la liberación de las almas. Esa doctrina se tomaba por sentado ya para el año 150. Esto se sabe porque aunque los herejes como Marción y los valentinianos fueron severamente criticados por los Padres Apostólicos, la crítica no incluyó este punto. Tanto los Padres Apostólicos como los herejes concordaban en la creencia que Jesús descendió al infierno .... Se puede concluir, entonces, que esta doctrina y la doctrina relacionada de la liberación de las almas del infierno se estableció ya en el primer siglo. La única pregunta que resta es ¿quiénes fueron liberados?

La Perseverancia Divina en la Era Moderna

Los Tiempos Modernos. En nuestra era moderna de la expansión de horizontes, nos hemos dado cuenta de lo vasto que es nuestro mundo. Los historiadores lo llaman la Iluminación, una era que comenzó hace 200 años cuando la industria y la ciencia, la comunicación y la transportación, el conocimiento y la crítica del pasado florecieron. Las aventuras de ultramar de los misioneros del siglo XIX y los problemas teológicos que enfrentaron eran parte íntegra de este nuevo mundo. Junto a estos cambios se presenció el esfuerzo de la iglesia a responder a las preguntas de la modernidad.

Una respuesta fue la visión de los misioneros de la divina perseverancia. Pensaban igual que los Padres Apostólicos pero ahora con mayor vigor debido a los nuevos contactos con culturas distintas por todo el mundo. Pero los misioneros de la Nueva Inglaterra no estaban solos en sus inquietudes sino que los teólogos europeos, en respuesta a los desafíos de la Iluminación, comenzaron también a cuestionar acerca del amor y la justicia divina. ¿En qué forma podría Dios hacer justicia para con los millares que vinieron antes y después de Cristo que nunca supieron de él? ¿Se podría todavía mantener la enseñanza dura la Biblia que dice: "Y en ningún otro hay salvación; porque no hay otro nombre bajo el cielo y dado a los hombres, en que podamos ser salvos" (Hechos 4:12)?

La tradición cristiana que enfatizaba la necesidad de la fe personal fue el motivo de mucha consternación entre evangélicos con pasión para las misiones como lo fueron los congregacionalistas de Nueva Inglaterra. El problema también fue motivo de preocupación para otras iglesias en Norteamérica, específicamente las que preservan la influencia de Martín Lutero. Si el meollo del asunto es la justificación por la fe, como solía decir Lutero, entonces Dios tiene que hacer que esa respuesta esté al alcance de todos. Y si la "fe viene por el oír" (Romanos 10:7), entonces todos deben tener la oportunidad de oír la Palabra. En poco tiempo, teólogos como Isaac Dorner, Julius Mueller y otros comenzaron a considerar los pasajes bíblicos a las que ya hemos aludido.[8] Y su exégesis - siguiendo la pauta de los grandes intérpretes del siglo XIX como Plumptre, Olahansen, Meyer, Godet, Alford y Smith[9] – les llevó a la misma conclusión: la perseverancia divina asegura que todos nos demos cuenta de los caminos de la vida y de la muerte o bien en esta vida o bien en la venidera.

Aunque Lutero criticó severamente a la Iglesia Católica en su afirmación de la doctrina de la justificación por fe solamente,[10] los católicos siempre han enseñado la necesidad de una respuesta personal. En la esfera católica la preocupación por el destino de los no evangelizados surgió en el siglo XIX (bajo las mismas influencias pluralistas) y se desarrolló una enseñanza que se conoce como la "opción final." No era idéntica a la enseñanza protestante de la perseverancia divina después de la muerte (conocida como "probación futura") debido a la doctrina católica del purgatorio. Esa doctrina permite un cambio de destino después de la muerte para aquellos que tienen sólo "pecados veniales" y no "pecados mortales." Por ello, la muerte es el fin de cualquier oportunidad para elecciones que afectan la alternativa entre el cielo y el infierno. Sin embargo, algunos teólogos católicos prominentes del siglo XIX, como el Cardenal Newman, comenzaron a hablar del momento de la muerte como un tiempo de encuentro con Cristo. En este encuentro se le presentaba tanto a los creyentes como a aquellos que nunca escucharon el evangelio una opción final fundamental. Junto a esta idea, muchos teólogos católicos consideraban que la manera de llevar la vida antes de la muerte determinaba la forma en que Cristo le presentaría esta opción final. Esto fue una adición que a los protestantes les resultó difícil de aceptar debido a su creencia del poder imperante del pecado que sólo la gracia de Dios lo puede vencer.

Con la expansión del pluralismo religioso, la enseñanza católica de una opción final fundamental ha ido ganando adherentes y empieza a competir con la noción del cristiano anónimo (o sea, la idea de que aquellos que no conocieron a Cristo pueden ser salvo por su respuesta personal a la luz que se le ha dado. En esencia, esta doctrina dice que estas personas son cristianos sin saberlo.)

La tradición reformada, con el énfasis en la soberanía de Dios, tuvo menos que decir sobre este tema. Esta tradición enfatiza la elección de Dios y no la elección nuestra. En la forma más estricta del calvinismo, el decreto eterno de Dios de la doble predestinación determina todo. Ciertas variaciones del énfasis reformado en la majestad e iniciativa divina pueden incluso llegar a apoyar el universalismo: la voluntad divina resuelve todo pues lo que Dios quiere, Dios hace (1 Timoteo 2:4). En formulaciones más sutiles como la de Karl Barth se dice que el destino del hombre ha sido resuelto en principio en la cruz del Calvario pero la aplicación depende de la elección de Dios. Esa determinación divina puede ser o no puede ser a nuestro favor, pero sí tenemos el derecho de esperar una salvación universal.[12]

Un ejemplo interesante del esfuerzo reformado de mantener el énfasis en la soberanía divina al intentar responder a las inquietudes soteriológicas del siglo XIX se encuentra en el pensamiento de los teólogos de Princeton Charles Hodge y Benjamín Warfield. La preocupación específica para estos hombres fue el destino de los millares que mueren en la infancia. Su respuesta fue que los beneficios de Cristo se aplican automáticamente por la voluntad soberana de Dios a todos quienes no han llegado a la edad del discernimiento.[13] Entiendo que esto no es específicamente la pregunta que nos concierne, sin embargo, sí refleja el encuentro decimonónico del cristiano con la consternación sobre el destino de los no evangelizados.

El siglo XX ha sido testigo de múltiples defensores de la perseverancia divina tanto entre los evangélicos como entre los ecuménicos. La preocupación de los evangélicos de hoy está íntimamente ligado a su creencia firme en el evangelismo. La preocupación en torno al evangelismo en el siglo XX es semejante a la preocupación en torno a las misiones en el siglo XIX. Los ecuménicos se aproximan a la pregunta desde la óptica del pluralismo religioso así como lo hicieron los teólogos decimonónicos enfrentados con las ideas de la Ilustración.

Donald Bloesch es un evangélico bien conocido que acepta la perspectiva que yo he llamado la perseverancia divina.[14] El teólogo ecuménico John Macquarrie propone una versión diferente de esta misma perspectiva.[15] Y como ellos hay muchos más.[16]

El Pacto Noético: Extensiones

Tanto en las Escrituras como en la tradición, el recién mencionado pacto noético tiene una importancia singular en esta discusión. Consideremos pues esta importancia en más detalle.

En el judaísmo, la promesa del arco iris se refiere a la luz que se le da a aquellos que están fuera del pacto especial de Dios para la redención del pueblo judío. O sea, Dios juzgará al hombre – incluso los cristianos – de acuerdo a la respuesta que dan a la revelación universal de lo que es bueno, verdadero y santo desde la época de Noé. El arco iris es la señal de esta promesa.[17]

En el cristianismo existe la misma creencia pero se aplica de forma diferente. Puesto que vivimos en un mundo corrompido por el pecado, la revelación especial de la voluntad de Dios es necesario. Esa revelación se nos es dada decisivamente en el cumplimiento de las promesas vetero-testamentarias en la persona y la obra de Jesucristo. Pero al cumplir sus promesas, Dios no ha quedado sin testimonio de si mismo (Hechos 14:17) para con los que no han sido partícipes de la revelación especial. En la revelación general encontramos la forma en que el mundo puede buscar a Dios, "si en alguna manera, palpando, pueden hallarle, aunque ciertamente no está lejos de cada uno de nosotros "(Hechos 17:27). El primer indicio bíblico de la "gracia común" impartida a toda criatura se encuentra en Génesis 5. Dios da a toda carne un conocimiento de las normas básicas morales y espirituales – no derramar sangre del hombre porque el hombre es hecho a la imagen de Dios (Génesis 9:6-7); conocer y amar al creador y sustentador (Génesis 11:1-9). La medida en que observemos estos principios de preservación se demuestra en el mismo instante en que fueron dados (Génesis 9:20-27) y en la necedad del hombre en su afán de construir la Torre de Babel (Génesis 11:1-9). Pero a pesar de la ingratitud del hombre, Dios no abandona sus promesas y sus buenas dádivas de la luz y el amor providencial.

La fidelidad al pacto noético, a pesar de nuestra rebeliones, es otra manifestación de la perseverancia divina. Por eso, la doctrina que estamos considerando tiene tanto una dimensión temporal como una expresión eterna. En esta vida, como en la venidera, Dios no se rinde ante nuestra rebelión. Pero lo que hace falta es entender lo que involucra la fidelidad divina y percibir como la gracia común de Dios dada a toda carne se relaciona con la gracia particular que Dios da por medio del Verbo hecho carne en Jesucristo.

El pacto noético no es el final de la historia. Su propósito es de mantener en curso la narrativa bíblica. Su promesa provee justamente la luz necesaria para sostener la creación mientras que el drama de la redención se desenvuelve – la elección de Israel, la venida de Cristo y, finalmente, la consumación de todas las cosas. El pacto noético es necesario para restringir el mundo de la auto-destrucción que es inexorable dada la arrogancia y animosidad del hombre. Necesitamos desesperadamente de esta gracia común para preservar la vida humana.

Desde la óptica del Nuevo Testamento, Jesucristo

mismo es partidario del pacto noético. El Dios trino es el autor y sustentador de esta obra que salva al mundo de las heridas infligidas por si mismo. De esa manera, el Hijo, junto al Padre y el Espíritu, es el dador de la luz común, "aquella luz verdadera, que alumbra a todo hombre, venía a este mundo"(Juan 1:9).

La famosa historia de las ovejas y las cabras nos ayuda a entender este asunto. Cristo les da una interpretación sorprendente a las obras compasivas, a las acciones que responden a las miserias de la vida humana – dar de comer al hambriento, dar agua al sediento, arropar al desnudo, cuidar al enfermo, hospedar al extranjero, visitar al prisionero. Dice: "de cierto os digo que en cuanto lo hicisteis a uno de estos mis hermanos más pequeños, a mi lo hicisteis" (Mateo 25:40). En esta historia, aquellos que no sabían que estaban actuando en nombre de Cristo - "Entonces los justos le responderán diciendo: Señor, ¿cuándo te vimos hambriento, y te sustentamos, o sediento, y te dimos de beber?" (Mateo 25:37) - tenían que saber. Cristo está presente de forma incognito en todas estas obras compasivas. El amor del buen samaritano del Nuevo Testamento expresa la norma del pacto noético del Antiguo Testamento – las obras de misericordia y justicia hacen posible la vida humana.

Cuando de esta manera se observa el pacto noético, la vida humana es liberada del odio y la violencia, del sufrimiento, de la enfermedad, de la miseria, del dolor. En la concordancia inglesa de Cruden, se reconoce esta dimensión de la salvación observando dos diferentes significados de la palabra. La primera es la liberación del pecado y sus consecuencias. La segunda es la liberación de los peligros y las tribulaciones. En las Escrituras encontramos ambos significados. En la Biblia vemos la salvación del pecado y la culpabilidad y también la salvación de ciudades y naciones de la enfermedad, las penas y los sufrimientos de la vida. Al último lo podemos llamar una salvación horizontal - liberación ante las consecuencia de lo temporal. Al primero lo podemos llamar una salvación vertical - nuestra posición ante el Dios eterno. Ambos tipos de salvación son salvación por gracia y no por obras. Y ambos pueden ser atribuidos únicamente a Cristo. En los asuntos humanos, somos salvos por la gracia de Cristo de las miserias de este mundo. En los asuntos divinos, somos salvos por la gracia de Cristo de nuestros pecados y nuestra culpabilidad ante Dios.

No podemos confundir estas dos dimensiones de la obra salvífica de Cristo. Nuestras acciones y actitudes de amor siempre quedan cortos debido a nuestra naturaleza pecaminosa. Por eso, no nos pueden justificar verticalmente ante Dios. La regla para la vida que conocemos a partir del pacto noético y la promesa de la gracia común que proviene de él es suficiente para la vida terrenal. Pero no es suficiente para asegurar nuestra salvación eterna ante Dios. Lo que hace esta regla es que nos expone a lo que somos; la "ley" no nos salva del pecado sino que nos juzga. Necesitamos de un Salvador. Por eso hubo una continuación del pacto noético que es el nuevo y mejor pacto de Jesucristo. Así es que la gracia particular del evangelio requiere de la fe justificadora enfocada en la cruz del Calvario: "Porque de tal manera amó Dios al mundo, que ha dado a su Hijo unigénito para que todo aquel que en él cree, no se pierda, mas tenga vida eterna" (Juan 3:16).

Cristo vino a rescatarnos de la muerte que es el "salario del pecado." Esa oferta asombrosa es extendida a "todo aquel que cree" la bendita Palabra de la redención de Dios por medio de Jesucristo. La fe viene por el oír "y el oír, por la palabra de Dios" (Romanos 10:17). La salvación personal - nuestra justicia ante el Dios justo - es inseparable del oír, del creer y del confesar a Jesucristo. "Porque con el corazón se cree para justicia, pero con la boca se confiesa para salvación.

Pues la Escritura dice: Todo aquel que en él creyere, no
será avergonzado" (Romanos 10:10-11). La evidencia en
la Biblia de que es necesario oír, creer y confesar la obra
reconciliadora de Dios en Cristo es abundante. Juan 3:16
– "todo aquel que en él cree" – es un eco que suena en
todo el Nuevo Testamento.[18]

Como anotamos anteriormente, una interpretación
canónica de la verdad bíblica busca el patrón de la
enseñanza en toda la Escritura. Esta interpretación exige
la inseparabilidad de la salvación y la creencia personal
y por ende la necesidad de oír la proclamación del
evangelio. La perseverancia divina no negará a nadie la
palabra salvadora y sobrepasará toda barrera, incluso la
barrera del enemigo final, la muerte.

Afirmaciones sobre el Evangelismo

Si un Cristo paciente y determinado puede llamar a la
eternidad a aquellos que no han oído el evangelio en el
tiempo ¿por qué es necesario proclamar el evangelio a
las naciones? ¿No será que la idea de una evangelización
escatológica extrae el nervio de la misión cristiana? La
respuesta es un no enfático.

¿Qué es lo que motiva al cristiano a compartir el
evangelio? Por una de las siguientes razones o incluso
por todas:

1. Como hemos encontrado una "perla de gran precio",
no podemos callarlo. Queremos compartirlo con todos
porque también les pertenece a ellos.

Una vez que nos viene la Palabra de la salvación,
algo dentro de nosotros (el Espíritu Santo) nos abre la
boca. Deseamos compartir las buenas nuevas. Tenemos
que "contar la antigua historia a las naciones." Una
motivación básica para el evangelismo es el gozo en el
Señor. Hemos oído las buenas nuevas y las queremos
compartir. El simple hecho de que confesamos que Dios
persevera en su búsqueda del pecador aun después de la
muerte no puede apagar nuestro deseo de compartir el

evangelio.

2. Pero, de hecho, somos nosotros los pecadores quienes transmitimos el evangelio. Todavía estamos en el marco mortal con todas sus tribulaciones y tentaciones. El gozo del Señor no es un estado constante, sino que hay momentos en que se nos tiene que recordar nuestro deber de proclamar el evangelio.

Entonces el evangelismo es tanto un deber como un gozo. Lo hacemos porque Jesucristo nos mandó a hacerlo. Nuestra esperanza para aquellos que no han oído en esta vida no nos libera de la responsabilidad de obedecer a Mateo 28:19 aquí y ahora: "Id, pues ... y haced discípulos de toda lengua, tribu y nación."

3. Los cristianos somos inteligentes. Experimentan el gozo del Señor y todos los demás frutos maravillosos del Espíritu: "amor ... paz, paciencia, benignidad, bondad, fe, mansedumbre, templanza" (Gálatas 5:22-23). Conocen los beneficios personales que vienen con la vida en la iglesia y la comunión personal con Cristo. ¡Qué tan diferente es la vida en este mundo cuando se tiene la confianza y la consolación del evangelio!

Esta es otra motivación para evangelizar. Mientras que los no evangelizados no pueden ser negados la Palabra de la salvación eterna en la vida venidera, sus bendiciones son el fruto del evangelismo que comparte las buenas nuevas aquí y ahora.

Misterio Divino

De este último punto surge una pregunta. La enseñanza de la perseverancia divina nos demuestra el amor y la justicia de Dios para con los no evangelizados. La bondad divina no los abandonará. La justicia divina les impartirá la fe. No les será negada la oferta de la salvación eterna. Pero el punto número 3 reconoce que los no evangelizados en esta vida se perderán de los beneficios temporales de las buenas nuevas. Esto simplemente no cuadra con nuestra visión de la compasión y la justicia. Mientras que las bendiciones eternas no les son negadas, las bendiciones temporales sí.

Como con la cuestión de la teodicea con la que inicié este capítulo, aquí también existen ciertos huecos en nuestro entendimiento de la evangelización escatológica. La sombra del misterio encubre partes de la luz del entendimiento que tenemos. Cada otra perspectiva – el universalismo, el restrictivismo, el inclusivismo, etc. – nos deja con ambigüedades semejantes. (Aunque en mi opinión la ambigüedad es mayor en estas otras perspectivas).

Esto nos dice algo acerca del amor y la justicia de Dios. "Porque mis pensamientos no son vuestros pensamientos, ni vuestros caminos mis caminos, dijo Jehová" (Isaías 55:8). No podemos enredar los pensamientos de Dios con la lógica humana. Esto es cierto con respecto a todas las doctrinas cristianas – la creación, el pacto con Israel, la persona y la obra de Cristo, la naturaleza y la misión de la iglesia, la salvación y la consumación de todas las cosas. En todas estas doctrinas existen paradojas, misterios que permanecen sin explicación no obstante nuestra exploración.

De hecho, una de estas paradojas se encuentra inserta en el mismo tema del evangelismo – lo que se conoce como "la paradoja de la gracia."[19] Por un lado, afirmamos que es necesario una decisión de fe para la salvación pero por otro lado insistimos que no somos salvos por obras – ni siquiera la obra de la fe. Podemos decidir por Cristo únicamente por la gracia de Dios. Esta es la paradoja que azota al razonamiento humano. Es verdad porque así lo dice la Biblia. (Pablo, por ejemplo, dice: "Pero por la gracia de Dios soy lo que soy; y su gracia no ha sido en vano para conmigo, antes he trabajado más que todos ellos; pero no yo, sino la gracia de Dios conmigo" (1 Corintios 15:10). Y esa verdad es confirmada por el Espíritu que nos enseña que la decisión que hicimos no era nuestra sino la de la "gracia de Dios conmigo."

He intentado escavar lo más hondo posible en el misterio de los no evangelizados. Las Escrituras y la sabiduría de algunos pensadores en la iglesia nos han conducido a la doctrina de la perseverancia divina. Pero al final debemos concluir con la siguiente nota: el misterio divino es el compañero de la perseverancia divina y ¡a Dios sea la toda la gloria!

RESPUESTA A FACKRE
Ronald H. Nash

Tal como comencé mi respuesta al capítulo de Sanders, vuelvo a recomendar al lector que lea mi capítulo sobre el restrictivismo antes de considerar esta respuesta. En ese capítulo doy información de trasfondo importante que será necesario para entender adecuadamente esta respuesta breve al capítulo de Fackre sobre la salvación post-mortem.

*   *   *   *

Gabriel Fackre comienza su intervención con lo que parecen ser dos declaraciones positivas. Primero, rechaza el inclusivismo. En base a Romanos 10:9-10, Fackre declara: "la evidencia en la Biblia de que es necesario oír, creer y confesar la obra reconciliadora de Dios en Cristo es abundante." Esto constituye un primer paso de enorme importancia. Segundo, Fackre enfatiza la importancia de interpretar la Biblia correctamente. El problema es que estas declaraciones prometen más de lo que se cumple en el capítulo de Fackre. El resultado es que los principios de interpretación bíblica empleadas por Fackre no lo conducen a una posición escrituralmente fundada acerca del destino de los no evangelizados.

Los problemas comienzan cuando como desde la nada afirma: "La perseverancia divina no negará a nadie la palabra salvadora y sobrepasará toda barrera, incluso la barrera del enemigo final, la muerte." Fackre tiene razón al declarar que no debemos limitar la obra de Dios. La barrera humana que Fackre menciona aquí, sin embargo, es la muerte. Insiste pues, que somos nosotros como humanos quienes hemos decidido que la perseverancia de Dios para con el no creyente termina con la muerte.

Supongamos que admitimos que Dios puede, si quiere, buscar al perdido aun después de la muerte. Me parece que ese no es el asunto. La pregunta importante es si Dios enseña eso en su Palabra. Si la salvación después de la muerte no se enseña en la Biblia, no debemos suponer que la muerte es una limitación artificial al poder de Dios. Hay que evitar la ingenuidad en este punto y no caer en el error de considerar a una suposición como si fuera una conclusión bien fundamentada.

Es sorprendente ver que mientras Fackre se esmera por definir quienes son aptos para recibir la salvación después de la muerte, nunca se ocupa en interpretar los pasajes bíblicos en que la muerte es presentada como el término de la oportunidad humana para la salvación. A pesar de su exhortación de interpretar las Escrituras con reverencia, Fackre ofrece varias interpretaciones cuestionables. Interpretaciones, de hecho, que sólo he visto en la teología de las grandes sectas norteamericanas. Consideren lo siguiente:

Primera de Pedro 4:6

No me sorprendió encontrar que Fackre recurre a 1 Pedro 3-4 para apoyar su doctrina de la salvación post-mortem. En mi capítulo señalo los peligros de fundamentar un concepto teológico central en una serie de pasajes controversiales. Es bien establecido el principio de usar los pasajes claros de la Biblia para interpretar a los pasajes ambiguos, de usar pasajes doctrinales para interpretar a los no doctrinales y de usar pasaje literales para interpretar a los figurativos o simbólicos.

A pesar de este principio, Fackre recurre a 1 Pedro 4:6 ("porque por esto también ha sido predicado el evangelio a los muertos") como el pasaje principal para sustentar la doctrina de la salvación post-mortem. En mi capítulo llego a tres conclusiones al respecto:

- o No hay razón por creer que "los muertos" mencionados en este versículo son idénticos a los "espíritus encarcelados" mencionados en 1 Pedro 3.
- o "Los muertos" en 4:6 se refieren más bien a personas que estuvieron muertos espiritualmente y renacen espiritualmente después de escuchar el evangelio; esta es precisamente la analogía que Pablo presenta en Efesios 2:1-10.
- o Alternativamente, "los muertos" puede referirse a aquellos que escucharon el evangelio en vida pero que ahora han muerto

En fin, no existe una interpretación válida de 1 Pedro 3-4 que apoye la creencia de la salvación después de la muerte.

Primera de Corintios 15:19

Fackre ofrece la siguiente paráfrasis de este versículo: "Si la esperanza del hombre se limita a esta vida entonces sí que somos miserables." Según Fackre, el Apóstol Pablo creía que todos los seres humanos tienen la esperanza de la salvación eterna. Pero ha violentado el texto. Si ignoramos su paráfrasis y leemos el texto por nosotros mismos, encontramos: "Si la esperanza que tenemos en Cristo fuera sólo para esta vida, seríamos los más desdichados de todos los mortales" (NVI). La primera persona plural (nosotros) y el contexto que acompaña este versículo claramente indican que Pablo ofrece aquí una consolación para los cristianos perseguidos. La esperanza que Pablo tiene en mente no es la salvación post-mortem sino la resurrección (vv. 17-18) y la subsiguiente gloria eterna.

Juan 10:16

En este versículo encontramos que Jesús dice: "también

tengo otras ovejas que no son de este redil; aquéllas también debo traer, y oirán mi voz; y habrá un rebaño y un pastor." Le animo al lector a verificar la interpretación de este pasaje en cuantos comentarios evangélicos desee. En ninguno de ellos encontrará que la interpretación de "otras ovejas" sea de creyentes no evangelizados que se salvan después de la muerte. Las "otras ovejas" son siempre los cristianos gentiles que serán unidos a los cristianos judíos en un redil, la Iglesia de Cristo Jesús.

Juan 5:25-29

La obra exegética más creativa de Fackre, sin embargo, tiene que ver con Juan 5:25. "De cierto, de cierto os digo: Viene la hora, y ahora es, cuando los muertos oirán la voz del Hijo de Dios; y los que la oyeren vivirán." Obviamente, Fackre quiere que el lector piense que este versículo se refiere a los no evangelizados que escuchan el evangelio después de la muerte, que lo creen y que luego entran a la vida eterna. Pero esta interpretación es imposible si leemos el versículo en su contexto.

Aquí nos ayudará algo de trasfondo teológico. En Efesios 2:1 Pablo describe a los cristianos como muertos espiritualmente antes de su conversión. "Pero Dios, que es rico en misericordia, por su gran amor por nosotros nos dio vida con Cristo aun cuando estábamos muertos en pecados" (v. 4, NVI). Al tomar este texto como base, podemos ver que hay dos tipos de vida y dos tipos de muerte. Una muerte física y una muerte espiritual. Esta última es el enfoque de Pablo en Efesios 2. Lo que en Apocalipsis 20:14 se llama "la segunda muerte" (separación eterna de Dios) es la extensión o el resultado natural de nuestra muerte espiritual. Correspondiente a estos dos tipos de muerte, hay también dos tipos de vida: La vida física (nuestra existencia antes de la muerte física) y la vida espiritual (la nueva vida que Dios nos da después de la regeneración descrito en Efesios 2). Junto a estos dos tipos de vida, hay también dos tipos de resurrección: una física (1 Corintios 15:52-54) y una espiritual (Efesios 2:4).

A lo largo de Juan 5:24-29, Jesús se refiere a estos conceptos dobles de muerte, vida y resurrección. La confirmación de esta interpretación se puede encontrar en cualquier comentario evangélico. Juan 5:25 puede ser interpretado como sigue: "De cierto, de cierto os digo: viene la hora [referencia a un evento futuro] y ahora es [el presente] cuando los muertos oirán la voz del Hijo de Dios y los que la oyeren vivirán." El cumplimiento presente de las palabras de Jesús se encuentra en las multitudes de muertos espirituales que pasan de la muerte espiritual a la vida espiritual (véase Juan 5:24). El cumplimiento futuro de estas mismas palabras ocurrirá en el momento de la resurrección del cuerpo.

Esta interpretación se desprende de Juan 5:28-29 (que por cierto son pasados por alto en la interpretación de Fackre): "No os maravilléis de esto; porque vendrá hora cuando todos lo que están en los sepulcros oirán su voz; y los que hicieron lo bueno, saldrán a resurrección de vida; mas los que hicieron lo mal, a resurrección de condenación." Jesús se refiere aquí claramente a la resurrección general en el fin del mundo cuando todos los seres humanos oirán la voz y saldrán de las tumbas. Compare lo que sucedió en la tumba de Lázaro cuando Jesús le dijo a gran voz ¡Lázaro, ven fuera! (Juan 11:43-44).

Tal vez la razón por la cual Fackre esquivó Juan 5:29 es porque la clara diferencia entre los que se levantan a la vida eterna y los que se levantan a la eterna condenación es lo que hicieron durante su vida terrenal. Este pasaje confronta a Fackre con un doble problema: por un lado, demuestra una enseñanza distinta a la de él y por el otro lado contradice rotundamente su mito de la salvación después de la muerte.[1]

Aunque me gustaría adoptar una línea irénica,

también debo ser franco. Creo que el mal uso de las Escrituras que demuestra Fackre es irresponsable. Después de dos mil años de la historia de la iglesia, la creatividad e imaginación que aplica en su interpretación de la Biblia es lejos de ser una virtud cristiana.

Una Observación Final

La teoría de la salvación después de la muerte carece de un fundamento bíblico. Pero, por alguna razón Fackre no cree que tiene una responsabilidad de explicar los pasajes de la Biblia que contradicen su teoría. Su doctrina, creo yo, no es más que una figuración propia. No veo como alguien puede considerarse un expositor ejemplar de la compasión por los no evangelizados y a la vez ofrecerles una falsa esperanza acerca de su futuro.

RESPUESTA A FACKRE
John Sanders

El Profesor Fackre ha escrito un ensayo interesante y esclarecedor. Hay en él mucho que podemos apreciar. Para comenzar, aplaudo su esfuerzo de juntar varios temas amplios presentes en las Escrituras en un "patrón" uniforme. Utilizando la analogía de la fe, intenta leer la totalidad de las Escrituras para determinar su trayectoria en relación a otras doctrinas. Dentro de este marco, presenta su respuesta al problema del destino de los no evangelizados. Aunque comparto con Fackre una metodología semejante, la forma en que intercalamos los temas bíblicos difiere y por eso llegamos a conclusiones distintas. Permítame elaborar primero algunos de los puntos en que estamos de acuerdo y luego identificaré los puntos en que discordamos.

La Esperanza Amplia y el Problema del Mal
El punto fundamental de acuerdo entre Fackre y yo es en el concepto de la "esperanza amplia." Esto se refiere a la idea de que Dios ofrece la salvación fuera de los límites de la iglesia visible en la tierra. Fackre tiene razón de que la salvación es universalmente accesible porque así lo ha determinado Dios. En nuestra perspectiva, concordamos en que Dios, por gracia, ofrece a cada individuo una oportunidad genuina de participar en la salvación que Cristo aseguró. Ningún ser humano es excluido de la posibilidad de obtener los beneficios de la gracia salvífica. La bendita Trinidad, en amor magnánimo, busca a lo largo y ancho para salvar a pecadores. Concordamos en que Jesús vino precisamente para salvar a pecadores y que ninguno es

excluido de esa salvación debido a los fracasos o la desobediencia de los cristianos. La salvación no se limita a aquellos que han escuchado el evangelio por boca de misioneros humanos.

También estamos de acuerdo en que el destino de los no evangelizados es parte de un enigma mayor que se conoce como el problema del mal. El restrictivismo pone el poder y la bondad divina en tela de juicio. Parece que, desde esta perspectiva, a Dios le falta la bondad o el poder para ofrecer la salvación a quien desea salvar. En la versión del restrictivismo que propone Nash, Dios tiene el poder para salvar pero simplemente no desea salvar a todos. Tanto la perspectiva de la perseverancia divina y como el inclusivismo ven a Dios como suficientemente poderoso y suficientemente amoroso para brindarles a los no evangelizados una oportunidad para la salvación. Dios es el sabueso del cielo que no se da por vencido ante la obstinación del pecador.

Fackre explora esta idea con vigor y lo aplica a la idea de que aun después de la muerte, Dios persevera en buscar a los perdidos. Es interesante anotar que un buen número de filósofos de la religión que han considerado este problema resuelven por adoptar el modelo de la perseverancia divina.[1] Lo que les parece convencer es la perspectiva de que la justicia distributiva de Dios es sostenida sin restarle a la libertad humana.

La Cuestión del Tiempo

Aunque aprecio los argumentos de Fackre, tengo algunas reservaciones serias al respecto de la perspectiva de la perseverancia divina. Concuerdo con Fackre en que *si* Dios decide evangelizar al hombre después de la muerte, tiene el poder y el derecho de hacerlo. Sin embargo, no creo que esta ha sido la decisión de Dios. El inclusivismo no intenta poner límites a la extensión ni a la administración de la obra de Cristo. Al contrario, Dios ha decidido que desea que el hombre responda en fe en esta vida. Según el inclusivismo, habrá un encuentro post-mortem con Cristo para aquellos que respondieron en fe a Dios según la revelación que recibieron. Pero este encuentro será para confirmar su fe y presentarle al objeto real de su fe y el autor de su salvación. Será como en el relato de C.S. Lewis acerca de Aslan y Emeth donde Emeth conoce a Cristo después de haberlo buscado sin conocer su verdadera naturaleza. Emeth es confirmado en su fe y el destino de su camino actual es revelado. No hay un cambio de camino. Dios conoce la dirección general del individuo – hacia a Dios o lejos de él – y trae a aquellos que van en camino a Dios más cerca de si mismo y a la comunión con su bendito Hijo.

RESTRICTIVISMO
RONALD H. NASH

Los evangélicos creen que Jesús es el único salvador. No hay ningún otro salvador, ni ninguna otra religión que pueda traer al ser humano a la gracia salvífica de Dios.[1] Es correcto también el decir que la mayoría de los evangélicos consideran que la verdad que contiene los siguientes versos bíblicos son una parte esencial de su sistema de fe:

o   Jesús dijo, "Yo soy el camino, y la verdad y la vida, nadie viene al Padre sino por mi" (Juan 14:6).

o   Y en ningún otro hay salvación; porque no hay otro nombre bajo el cielo, dado a los hombres en que podamos ser salvos (Hechos 4:12).

o   Que si confesares con tu boca que Jesús es el Señor, y creyeres en tu corazón que Dios le levanto de los muertos, serás salvo. Porque con el corazón se cree para justicia, pero con la boca se confiesa para salvación (Romanos 10:9-10).

o   Porque no envió Dios a su hijo al mundo para condenar al mundo, sino para que el mundo sea salvo por él. El que en el cree, no es condenado; pero el que no cree, ya ha sido condenado, porque no ha creído en el nombre del unigénito Hijo de Dios (Juan 3:17-18).

o   Y de la manera que esta establecido para los hombres que mueran una sola vez y después de esto el juicio, así también Cristo fue ofrecido una sola vez para llevar los pecados de muchos; y aparecerá por segunda vez, sin relación con el pecado, para salvar a los que le esperan (Hebreos 9:27-28).

Yo no conozco a nadie que niegue que los evangélicos comúnmente no entendemos estos versículos como enseñando definitivamente que la fe personal en Jesús es una condición necesaria para alcanzar la salvación. Asimismo los evangélicos creemos que la muerte marca el final para la oportunidad de cualquier persona de recibir el regalo de Dios de la salvación.

John Sanders y Gabriel Fackre representan lo que parece ser un creciente número de personas dentro del movimiento evangélico que disputan el entendimiento histórico del evangelio cristiano. Fackre, por ejemplo, quiere que todos nosotros pensemos que la muerte física no es el fin para la posibilidad de salvación de los seres humanos. Lo que nos pide es un cambio increíble. Por otro lado, Sanders quiere hacernos creer que los evangélicos habían mal interpretado los versículos arriba mencionado. De acuerdo a el la enseñanza de esos versículos no es lo que el cristianismo ha mantenido desde sus inicios.

Ahora bien, yo no sugiero que un gran número de cristianos no puede estar equivocado en su interpretación de algún tema aceptado comúnmente por la comunidad de creyentes. Estoy de acuerdo que este es el caso con algunas ideas que fueron propagadas y aceptadas en el siglo XX.[2] Pero esas ideas erróneas raramente tocaban ninguna de las verdades cardinales de la fe cristiana. Una cosa es estar en desacuerdo sobre algún punto en la escatología y otra cosa es decir que estábamos equivocado sobre el significado de versículos como Romanos 10:9-10, Hechos 4:12 y Juan 14:6. Tanto Sanders como Fackre le están pidiendo a los Cristianos de hoy que echen por la borda todo lo que anteriormente fue aceptado como la verdad y que comencemos de nuevo para llegar a un entendimiento totalmente diferente de como Dios salva a los perdidos. Como descubrirán más adelante, Sanders y Fackre negarán esta afirmación y tratarán de presentar un caso para disipar su entendimiento de tan importante tema. Si así fuera, entonces los restrictivistas tendremos que responder de acuerdo a lo aducido.

Algunos aspectos de mi presentación pueden resultar desconcertantes para algunos lectores. Ellos pueden pensar que el contenido y la organización de este capítulo falla en presentar una defensa adecuada del restrictivismo . También pueden pensar que debo dedicar más tiempo en presentar un caso detallado del restrictivismo. La respuesta es que existe una analogía entre mi argumento por el restrictivismo y las que han sido usadas para doctrinas tales como la creación ex-nihilo , la Trinidad y el Calvinismo entre otras. La razón por la cual los cristianos creen en la Trinidad comienza con pasajes tales como Mateo 28:19-20. Pero nuestro trinitarianismo es inseparable de lo inaceptable que son los argumentos a favor del unitarianismo, modalismo[3] y todos los otros argumentos que existen en contra de la doctrina trinitaria. Históricamente, una vez que los cristianos han rechazado todas esas aberraciones como contrarias a las Escrituras, la doctrina de la Trinidad comenzó a tomar forma. Una situación similar existe en relación con este debate. Un análisis de este tema debe de hacer justicia a las enseñanzas de las Escrituras. Mi análisis de las posiciones de estos colegas, deberá, por supuesto, mirar con toda seriedad a lo que ellos alegan como base escritural. Pero debo también prestar atención a la forma en que ellos operan en referencia a importantes detalles teológicos.

Creo que veremos con claridad como ellos se crean problemas al reemplazar sus teorías por la verdad de las Escrituras. Sin duda veremos como tratan de forzar la Biblia con el propósito de demostrar cuan equivocados están los que sostienen la enseñanza histórica con respeto a la necesidad de creer en Cristo. También veremos las vueltas y piruetas que ellos harán en su esfuerzo de presentar una teología que pueda sustentar sus posiciones. Señalo todo esto para que el lector pueda entender que el caso por el restrictivismo no puede ignorar o pasar por alto la crítica de la posición adoptada por mis co-autores.

Yo soy restrictivista porque estoy convencido que esta es la enseñanza de la Biblia y porque los puntos de vista de mis coautores contienen serios errores tanto bíblicos como teológicos.[4]

El Inclusivismo y la Revelación General

El inclusivismo presupone que la revelación general de Dios en la naturaleza es suficiente para llegar a la salvación.[5] Para ellos este es un punto requerido y sumamente necesario. Después de todo, ellos insisten en que la salvación es asequible a todos los humanos, incluso aquellos millones que no tienen acceso a la revelación especial. Puesto que la revelación especial no es necesaria para la salvación en tales situaciones los inclusivistas se ven obligados a ver un medio salvífico en la revelación general que todos los seres humanos puedan captar. Como dice Clark Pinnock "el conocimiento de Dios no está limitado a los lugares donde la revelación bíblica ha penetrado."[6] De acuerdo a John Sanders los inclusivistas "creen que la apropiación de la gracia salvífica es mediada a través de la revelación general y el trabajo providencial de Dios trabajando en la historia de la humanidad."[7]

Sanders insiste en que la palabra evangelio tiene un significado más amplio que simplemente las buenas nuevas sobre Jesús. El evangelio debe incluir luz disponible para los no evangelizados a través de la revelación general. El problema obvio con esa interpretación se encuentra en 1 Corintios 15: 3-4 donde Pablo nos explica el significado de Evangelio en términos de la muerte, sepultura y resurrección de Jesús. Sanders insiste en que "Pablo no dice que uno tenga que conocer estas verdades sobre la muerte, sepultura y resurrección de Jesús para ser salvos, solo dice que este fue el mensaje que el predico a los corintios."[8]

Para proteger esta interpretación particular de la revelación general y su idea de la salvación, los inclusivistas tiene que relativizar el contenido del evangelio predicado por Pablo a diferente clases de personas, pueblos, lugares y tiempos. Esto debe de dar a los evangélicos razón para pensar dos veces antes de abrazar el inclusivismo. ¿No son la muerte y la resurrección de Jesús partes esenciales al evangelio o será que el evangelio es un surtido de chucherías que puede asumir diferentes formas?

El Inclusivismo y Romanos 1-3
Pablo comienza su epístola a los Romanos explicándoles que la única razón por la cual todos los humanos están condenados es porque ellos han resistido el mensaje de la revelación general. "Porque la ira de Dios se revela desde el cielo contra toda impiedad e injusticia de los hombres que detienen con injusticia la verdad. Porque lo que se conoce les es manifiesto pues Dios se lo manifestó" (Romanos 1:18-19). Aun cuando Dios ha hecho manifiesto esta importante información a todos los hombres a través de la revelación general, Pablo nos informa que esta revelación ha fallado en traer la salvación (ver Romanos 3:10, 23).

Romanos 1-3 claramente contradice la creencia inclusivista de que personas en regiones donde otras religiones no cristianas predominan pueden ser salvas en base a la revelación general de Dios.[9] Pablo deja claro que la revelación general no puede salvar. Bruce Demarest resume la enseñanza de Pablo:

> Hemos visto que Dios ha dejado conocer su existencia, perfecciones y demandas morales a través de su revelación general, pero el hombre

pecador ha consistentemente rechazado este conocimiento elemental sobre Dios y al contrario lo ha pervertido en idolatría indescriptible. Así que en la práctica la revelación general sólo sirve para condenar al hombre, no para salvarlo. Sin embargo Dios en su gracia y misericordia no abandona al pecador en su estado de rebelión inducida por si mismo. Dios ha irrumpido en la entenebrecida existencia pecadora con una revelación especial que ofrece la sanidad espiritual. Con esta fresca iniciativa revelada, Dios se ofrece a si mismo no como un poder que hay que encontrar sino como una persona que podemos conocer en una relación de comunión de confianza y compromiso.[10]

Esta enseñanza paulina de que los seres humanos no pueden triunfar viviendo solo con la luz de la revelación general implica que entonces ésta no nos puede salvar y necesitamos desesperadamente de la revelación especial para lograr ese resultado.[11] En ningún lugar en Romanos 1-3 nos dice Pablo que la revelación general aumenta la posibilidad de ser un instrumento de salvación.

Otros textos sobre la revelación general

Los inclusivistas necesitan un claro apoyo de las escrituras para cimentar sus creencias sobre la función de la revelación general. Debido a la falta de espacio no podré examinar todo los textos que ellos citan y me limitaré al texto a que John Sanders ha apelado. Encuentra apoyo para la función salvífica de la revelación general en Romanos 10:18: "Pero digo, ¿no han oído? Antes bien, por toda la tierra ha salido la voz de ellos, y hasta los fines de la tierra sus palabras."

La clave de este versículo para ellos es la cita del Salmo 19:4. Sin duda estas palabras son una clara alusión al poder de la revelación general. Nadie puede olvidar el primer verso de este Salmo y su mensaje de que "los cielos cuentan la Gloria de Dios y el firmamento anuncia la obra de sus manos."

Los inclusivistas se sobrepasan cuando ellos llaman el uso por Pablo del Salmo 19:4 como un endorso del papel en la función salvífica de la revelación general. El erudito en Nuevo Testamento F. F. Bruce nos explica "no es necesariamente correcto el suponer que Pablo al usar Salmo 19:4 lo consideraba como una predicación de que el evangelio sería diseminado sobre la tierra como los rayos del sol."[12] Si la opinión de Sanders sobre Romanos 10:18 fueran aceptadas, el argumento de Pablo vendría a un paro abrupto. Aun la lectura más superficial del texto hace claro que Pablo está hablando sobre lo indispensable que es la revelación especial para la salvación y la urgencia para los evangelistas de llevar ese mensaje del evangelio al mundo. Romanos 10 exalta la necesidad de la revelación especial, en vez de la revelación general.

¿Dónde, tenemos que preguntarnos, esté el claro e inambiguo apoyo bíblico para que el inclusivismo pueda mostrar su creencia en la función salvífica de la revelación general?[13] La respuesta es simplemente que no existe. Los inclusivistas asumen este papel de la revelación general, sin ningún apoyo bíblico y es usado para comprometer otras importantes enseñanzas bíblicas tales como la identificación del creyente con la muerte y resurrección de Jesús como señala Pablo. Así como los inclusivistas desean ardientemente creer que la revelación general puede traer a los seres humanos a la salvación, ellos fallan en demostrarlo y en vez crean un conflicto con las enseñanzas de Pablo en Romanos 1-3.

La distinción entre cristianos y creyentes

Regreso ahora a otro asunto, relacionado con el hecho de que los inclusivistas están obligados, por la lógica de su posición, a hacer una diferencia entre cristianos y creyentes. John Sanders define los creyentes como aquellos "que son salvos porque tienen fe en Dios."[14] Un cristiano, por contraste, es "un creyente que conoce y participa en la obra de Jesucristo."[15] Esto significa que en el cielo tendremos que encontrar cristianos y no cristianos creyentes quienes cuando todo está dicho y hecho llegaron al cielo por diferentes caminos. Esta es algo inherente en el inclusivismo.

Esta idea supuestamente se apoya en las tres teorías que se encuentran un lugar central en el pensamiento inclusivista: (1) un distintivo entendimiento inclusivista sobre la naturaleza de la fe (2) un reclamo que los creyentes del Antiguo Testamento constituyen un precedente para la aceptación de creyentes no-cristianos hoy; y (3) una apelación a una alegada tradición del Antiguo Testamento de "santos paganos." Examinemos estas tres afirmaciones y luego volveremos a considerar si la convicción inclusivista distingue adecuadamente entre el creyente y el cristiano.

1. *El entendimiento inclusivista de la fe.* Los inclusivistas afirman la necesidad de la fe para la salvación; sin embargo, sostienen que el objeto de esta fe no tiene que ser Jesús.[16] Los inclusivistas sostienen que la salvación personal del no evangelizado depende de su respuesta a la luz que tienen. Aunque les es difícil explicar, los inclusivistas creen que la luz de la revelación general es capaz de generar confianza en el Dios verdadero. Pero hay que señalar que es una confianza ajena a Jesucristo pues no lo conocen.

Según Clark Pinnock, el hombre se salva por medio de lo que él llama "el principio de la fe." O sea, para ser salvo hay que cumplir con las condiciones de Hebreos 11:6: "Pero sin fe es imposible agradar a Dios; porque es necesario que el que se acerca a Dios crea que le hay, y que es galardonador de los que le buscan." Es la fe o la confianza la que salva y no el conocimiento.

Pero ¿se elimina el contenido de la fe en Hebreos 11:6? Es obvio que una de las condiciones de la fe, según este mismo texto, es creer en Dios. Se espera que los creyentes busquen a Dios, pero en otros pasajes de la Biblia se nos comunica contundentemente el contenido apropiado de esta búsqueda. De Hebreos 11:6, pues, podemos aprender al menos que es necesario no sólo tener fe sino también buscar a Dios.

Son pocos los evangélicos que afirmarían que Hebreos 11:6 encierra todo el significado bíblico de la fe. En primer lugar, la fe en la existencia de Dios tiene que ser en el Dios verdadero. No se trata de fe en cualquier dios, en un ídolo o en un dios falso pagano. Además, en el Nuevo Testamento encontramos que los hombres que buscan a Dios se aproximarán a él únicamente a través del mediador que es Cristo Jesús (1 Timoteo 2:5). El "principio de la fe" que Pinnock formula en torno a Hebreos 11:6 es, por lo tanto, incompleto. Distorsiona y diluye, además, la visión neo-testamentaria de la fe salvadora.

Pinnock afirma que "según la Biblia, el hombre se salva por fe y no por el contenido de su teología."[17] Esta es la afirmación básica de los inclusivistas. Pero si Dios salva en base a la fe exclusivamente, sin tomar en cuenta el acceso a la revelación especial, el evangelio de Jesucristo, entonces la visión inclusivista de la salvación se vuelve radicalmente distinta a la visión tradicional evangélica. Yo creo que también es radicalmente distinta a la visión presentada en la Biblia. Aunque todos no podamos llegar a un acuerdo acerca de la cantidad de información que es necesaria para la salvación, los inclusivistas han diluido esta cantidad a una porción que no es siquiera reconocible bíblicamente.[18] La mayoría de los cristianos encuentran el conocimiento mínimo necesario para la salvación en pasajes como Juan 14:6, Hechos 4:12 y Romanos 10:9-10. Pero los inclusivistas no aceptan siquiera esta información porque estos textos contradicen su posición de la salvación a través de la revelación general. Veremos en los siguientes apartados el enorme esfuerzo que empeñan los inclusivistas para desmantelar la interpretación histórica de estos textos.

Desafortunadamente, la visión de la fe del inclusivista es deficiente en cuanto a su contenido teológico. El gran debate entre el inclusivista y el restrictivista es la capacidad de una fe carente de contenido para salvar. Las posiciones son claras: los inclusivistas creen que la fe puede salvar aun cuando carece de contenido teológico. El problema es que no existe ninguna base escritural para sostener este argumento. De hecho, las Escrituras enseñan lo opuesto.

Concuerdo con la afirmación de que el hombre no se salva por afirmar una serie discreta de información. Sin embargo, mantengo que la fe salvadora tiene como condición necesaria el conocimiento de ciertas proposiciones precisas (Romanos 10:9-10). Es peligroso y anti-bíblico enseñar que la predicación del evangelio (que como Pablo insiste contiene la información específica sobre la persona y la obra de Cristo) y la fe personal en Jesús no son necesarios para la salvación. Al reconocer estos huecos en el principio de la fe, se descubre la inestabilidad del sistema inclusivista.

2. *Inclusivismo y los Creyentes del Antiguo Testamento.* La segunda falla mecánica en el sistema inclusivista es la distinción que propone entre cristianos y creyentes. Pinnock expresa la distinción así: "Una persona que es pre-mesiánico en cuanto a su conocimiento – ya sea que vivió en la época vetero-testamentaria u hoy en día – se encuentra en exactamente la misma situación espiritual."[19]

El inclusivismo ve como idénticos el creyente judío del Antiguo Testamento y el hombre no cristiano en la actualidad que "cree en Dios." Pero seguramente hay diferencias sustanciales que hacen que esta analogía caiga bajo su propio peso. En primer lugar, la Biblia enseña que los creyentes del Antiguo y el Nuevo Testamento comparten una relación de pacto con Dios que está fundada en la revelación especial. El Nuevo

Testamento hace repetidas referencias a la continuidad entre los santos del Antiguo y el Nuevo Testamento (Romanos 1:1-2; 11:11-24; Gálatas 3:7-9, 29; 6:16; Filipenses 3:3; Hebreos 11). El sistema sacrificial del Antiguo Testamento fue una sombra del sacrificio máximo que hizo Jesús en la cruz (Hebreos 9-10). El Nuevo Testamento nos informa que los santos del Antiguo Testamento miraban hacia delante en esperas de un mediador que moriría (Juan 5:46; 8:56; 1 Pedro 1:10-12) y dice que el evangelio se predicó a Abraham (Gálatas 3:6). Es cierto que hay mucho en estos pasajes que todavía no entendemos, pero aun así no podemos ignorar lo que sí entendemos en ellos. La analogía entre los santos del Antiguo Testamento y los creyentes actuales no evangelizados es falsa.

¿Cómo puede ser que los creyentes del Antiguo Testamento que tenían acceso a la revelación especial y cuya fe se arraigaba en símbolos y prácticas que prefiguraban a Cristo sean vistos como iguales a los creyentes modernos no evangelizados? La respuesta, claro está, es que no hay ningún paralelo.

3. *Los Paganos Santos.* Los inclusivistas sostienen que en el Antiguo Testamento existe una tradición de paganos santos, o sea, creyentes gentiles que vivían fuera del pacto de Dios con Israel. Estos incluyen Melquisedec, Job, Jetro, Naamán, y en el Nuevo Testamento, el centurión romano Cornelio.

De todos los personajes en esta lista, Melquisedec es el que ha recibido más atención. Pinnock lo describe como un sacerdote pagano que bendijo a Abram y que es identificado en el Nuevo Testamento con la obra sumo-sacerdotal de Jesús (Hebreos 7). Según Pinnock, el encuentro de Abram con Melquisedec en Génesis 14 "demuestra que la experiencia fuera del judaísmo y el cristianismo puede ser válido."[20] Pero la interpretación inclusivista de Melquisedec me parece sumamente errada. Génesis identifica a Melquisedec como un sacerdote del Dios altísimo. ¿Cómo podemos decir que es un ejemplo de la piedad genuina de los paganos? Melquisedec sirvió y adoró a Jehová de la misma manera en que Abram lo hizo.

Las referencias a Naamán tampoco son convincentes. Naamán sí era un pagano pero llegó a confesar la fe en Jehová (2 Reyes 5:15). Sanders admite que Naamán confesó y pidió perdón por entrar al templo del dios Rimón después de su regreso a Siria. Para Sanders, esto significa que Naamán mantuvo creencias paganas a la vez que creía en Dios.[21] Bien se sabe que los nuevos creyentes pasan por un proceso de purificación al desechar las costumbres y tradiciones viejas. Pero Sanders no anota que debido a la gran influencia social de Naamán de vez en cuando participaba en eventos cívicos que se realizaban en el templo de Rimón. Sea cual sea el caso, no hay nada en este texto que sugiere que Naamán siguió creyendo en un dios pagano.

Los reyes magos que vinieron en busca del niño Jesús bien podrían haber sido astrólogos paganos pero no hay que descartar la posibilidad de que fueron judíos desterrados por la Diáspora. En cualquier caso, vinieron a buscar a Jesús. El ejemplo no me parece un argumento convincente.

También hay buenas razones por creer que algunos de los paganos santos reclamados por los inclusivistas ni siquiera fueron salvos. Tal es el caso de Abimilec y Balaám. Son pocos los de la lista de paganos santos que me parecen haber sido salvos.

Hay otro argumento que no debemos ignorar. Los inclusivistas a menudo se refieren a los textos del Antiguo Testamento en que Dios expresa su deseo de salvar a los gentiles. La verdad es que estos pasajes son irrelevantes. No hay ningún pasaje en el Antiguo Testamento que sugiere que los gentiles podrían ser salvos aparte de los medios provistos por Dios en la revelación especial.

En resumen, una examinación detallada del argumento inclusivista que intenta apoyar la distinción entre cristianos y creyentes revela serias fallas lógicas y teológicas. En primer lugar, recurren a una especie de fe que es deficiente – vacío en cuanto a su contenido cognitivo y anónimo en cuanto a su objeto personal. Esta especie de fe no se ajusta a la fe bíblica y conduce a una serie de consecuencias anti-bíblicas.

El deseo de equiparar los creyentes del Antiguo Testamento y los creyentes no cristianos en la actualidad falla porque oculta diferencias cruciales entre ambos grupos. De semejante manera, la búsqueda de paganos santos en el Antiguo Testamento como el modelo de los paganos santos de la actualidad es un ejercicio inútil porque en cada caso los individuos o bien no eran santos o bien habían abandonado sus creencias paganas. Los adoradores gentiles de Jehová en el Antiguo Testamento no apoyan la visión distorsionada del creyente no evangelizado del inclusivista.

Sin duda que podemos entrar en discusiones extensas acerca de la fe genuina de los creyentes antes de la venida de Cristo. Pero aun estas disquisiciones no producen la evidencia que requieren los inclusivistas. La gran debilidad de su posición teológica es su apelación ambigua a la revelación general como un medio de la salvación.

El Problema de la Salvación de los Niños

Por falta de espacio consideraré una sola justificación teológica adicional que supuestamente apoya el inclusivismo. Debido a su fuerza emocional, este argumento generalmente constituye el más persuasivo a favor del inclusivismo.

Los inclusivistas observan que prácticamente todos los restrictivistas admiten que los niños que mueren antes de la edad de discreción (y personas con discapacidades mentales que mueren en cualquier momento) se encuentran dentro del círculo de la gracia salvadora de Dios. Los inclusivistas dicen que esto revela una inconsistencia en la posición restrictivista. Si los niños que mueren durante la infancia y los discapacitados mentales llegarán al cielo sin confesar una fe explícita en Jesús, entonces la consistencia requiere que se le de el mismo privilegio a los inocentes que no han sido evangelizados.[22] Si la gracia de Dios cubre a niños y discapacitados mentales ¿por qué no cubre también a los no evangelizados?

Pero la pregunta que nos tenemos que hacer al evaluar este argumento es: ¿qué diferencias hay entre los niños que mueren durante la infancia y las personas con discapacidades mentales por un lado y los no evangelizados que son responsables por su resistencia a la luz de la revelación general por el otro lado?

Es difícil hallar tratamientos competentes de la salvación de los niños. Para mi, la exposición más convincente proviene de la pluma de mi colega del Seminario Teológico Reformado, Roger Nicole. Debido a su importancia en esta discusión, me tomo la libertad de citarlo íntegramente.

La pregunta es: ¿es compatible con las Escrituras y con las confesiones reformadas proponer que los niños que mueren durante la infancia serán salvos? De ser así, ¿son todos los niños que mueren en la infancia los que se salvan o son sólo algunos?

La Confesión de Fe de Westminster contesta la pregunta de forma directa. "Los niños elegidos que mueren en la infancia, son regenerados y salvados por Cristo por medio del Espíritu quien obra cuando, donde y como quiere" (10.3).

Esta afirmación reconoce que al menos algunos de los niños que mueren en la infancia serán salvos. No cierra la posibilidad de que todos los niños que mueren en la infancia sean elegidos y por lo tanto serán todos salvos. Esta fue la posición de B. B. Warfield (*Dos estudios en la historia doctrinal,* 1897) y de R.A. Webb (*La Teología de la salvación infantil,* 1907).

Hay que reconocer que todo ser humano, incluso los niños, están bajo la maldición del pecado de Adán y por eso ninguno merece la salvación. Sin embargo, cuando examinamos el retrato del juicio en las Escrituras encontramos que la condenación es consecuencia de nuestros pecados corporales (2 Corintios 5:10; cf. Mateo 16:27; Romanos 2:6-8), de nuestras palabras vanas (Mateo 12:36-37) y de nuestras acciones registradas (Apocalipsis 20:12-13; Jeremías 17:10). Ezequiel 18 es también relevante en conexión a esta verdad bíblica.

Los niños que mueren en la infancia no tienen culpabilidad personal ya que murieron antes de la edad de la responsabilidad. Se puede decir que comparten en la culpabilidad ya que mueren y el salario del pecado es la muerte (Romanos 5:14) pero no se nos hace convincente pensar que serán condenados eternamente porque no han cometido los pecados que sirven como base del juicio eterno administrado en el día final.

Se puede inferir que de la misma manera que los niños que mueren en la infancia son incorporados a la culpabilidad de Adán también son injertados en el perdón de Cristo. La Biblia no nos provee detalles al respecto. No hay forma en que los niños pueden ser transformados por la predicación de la Palabra pero tampoco se someten a la lógica de Romanos 10:13-15. Los niños necesitan ser regenerados, sin duda, pero no se dice dónde ni cómo: en cualquier momento desde estar en la vientre de su madre hasta su muerte puede ser posible. Esta visión incrementará enormemente

la extensión de la elección.[23]
Los que quisieran usar la salvación de los niños como
pretexto para la salvación de los no evangelizados
ignoran las diferencias sustanciales entre los niños
carentes de responsabilidad moral y los adultos que
tienen culpabilidad personal.

El Inclusivismo y la Biblia

Examinemos ahora la relación del inclusivismo con la
Biblia. Comenzaré con un análisis de los textos más
importantes que usan los inclusivistas para sostener su
postura.

Hechos 10 y el caso de Cornelio. El pasaje predilecto de
los inclusivistas es el relato de Cornelio en Hechos 10. La
historia de Cornelio toma lugar inmediatamente
después de Pentecostés – un tiempo de cambio acelerado
en la iglesia apostólica (Hechos 2:41; 4:4). Los sucesos
abruptos y la persecución perenne hicieron estragos en
la vida de la iglesia (Hechos 8:1). Era un tiempo de
confusión, especialmente con respecto a la relación entre
las costumbres judías y la vida de la iglesia incipiente
(Hechos 11:1-3). ¿Era la salvación únicamente para los
judíos? Si era también para los gentiles ¿era necesario
que los gentiles observaran los ritos judíos como la
circuncisión (Hechos 15:1-2)? Las interrogativas se
hicieron más agudas puesto que la cultura judía prohibía
reunirse y comer en un hogar gentil (Gálatas 2:11-14).

Cornelio era un centurión romano que vivía en
Cesárea. Se nos dice en Hechos 10:2 que Cornelio era un
hombre "piadoso y temeroso de Dios con toda su casa, y
que hacía muchas limosnas al pueblo, y oraba a Dios
siempre." Vale la pena subrayar varios aspectos de este
relato. Parece que Lucas nos quiere comunicar que
aunque Cornelio era gentil, era un creyente fiel en
Jehová. En el plano moral y espiritual, su condición era
igual a la de cualquier judío fiel que aun no había
escuchado el evangelio de Cristo. Podríamos decir, de

hecho, que en cuanto a su relación con Jehová, Cornelio era idéntico al creyente del Antiguo Testamento.

Se puede decir que toda la comunidad de creyentes en Jehová del primer siglo constituyen una generación transicional. Jesús había instituido un nuevo pacto. Por lo tanto, era importante que los judíos fieles escucharan el evangelio del Mesías prometido cuya misión, según la profecía del Antiguo Testamente, era de morir por el pecado de la humanidad y resucitar. Es por eso que presenciamos el esfuerzo arduo de Pablo de llevar el evangelio a sus hermanos y hermanas judíos. También era importante que los creyentes gentiles escucharan el mismo mensaje.

En Hechos 10 leemos que Dios usó a Pedro para llevar ese mensaje a Cornelio. Pero la narración en cierta forma complica el cuadro. Pedro dudaba de su misión de llevar el evangelio a Cornelio. Es claro que tenía ciertos prejuicios al predicar la Palabra a los gentiles – no obstante la gran comisión (Mateo 28:19; Hechos 1:8). Por eso, en este relato vemos que tanto Pedro como Cornelio aprenden importantes lecciones. Después de que Pedro le comunicó el evangelio a Cornelio, el centurión y toda su casa creyeron y recibieron el don del Espíritu Santo.

En la superficie, no aparece nada en este relato que apoyaría la idea inclusivista de que Dios salva a los no evangelizados sin conocimiento específico de Jesús. ¿Por qué viene a ser este relato una justificación de la postura inclusivista?

Para el inclusivista, el pasaje clave en el relato se encuentra en los versículos 34 y 35: "Entonces Pedro, abriendo la boca, dijo: En verdad comprendo que Dios no hace acepción de personas, sino que en toda nación se agrada del que le teme y hace justicia." Los inclusivistas recitan estas palabras para demostrar que el conocimiento de Jesús no es necesario para la salvación.[24] El relato en su totalidad supuestamente apoya la afirmación inclusivista de una distinción entre el creyente y el cristiano.

En base a los versículos 34-35, los inclusivistas afirman que cualquier persona que teme a un ser supremo y que vive una vida moralmente decente será aceptado por Dios. Anteriormente en este capítulo critiqué a aquellos que toman los dos puntos de Hebreos 11:6 (creer que Dios existe y buscarle) como co-extensivos con el contenido de la fe salvadora. La interpretación de Hechos 10:35 comete exactamente el mismo error. La consecuencia lógica de esta interpretación es que es posible acercarse al Padre sin la obra mediadora del Hijo – una afirmación que se niega rotundamente en 1 Juan 2:23 y en Juan 14:6. Además, la sugerencia que vivir una vida moralmente decente para satisfacer a Dios nos remonta a la herejía pelagiano y vuelve a contradecir uno de los puntos más enfáticos del Nuevo Testamento. El temor a Dios y el vivir una vida justa son elementos importantes del compromiso cristiano, sin duda. Pero no son, de ninguna manera, los criterios esenciales para obtener la reconciliación con Dios. Las palabras de Pedro en Hechos 10:35 complementan y no sustituyen el mensaje del Nuevo Testamento acerca de la centralidad de Cristo en la salvación. El usar las palabras de Pedro para subvertir la centralidad de Cristo en la salvación es un gran error de los inclusivistas.

Cuando adoptamos una interpretación correcta de Hechos 10, todos los argumentos inclusivistas respecto a este pasaje se derrumban.[25] Cornelio era un creyente en exactamente el mismo sentido que todo judío antes de Cristo. Dos condiciones prevalecieron durante esa época transicional: 1) los creyentes judíos y gentiles (como Cornelio) tenían que saber que el Hijo de Dios había venido al mundo para ofrecerse como sacrificio por muchos y 2) judíos cristianos (como Pedro) tenían que aprender a navegar la controversia creciente acerca de los gentiles en la iglesia apostólica.

Pinnock describe a Cornelio como "el pagano santo por excelencia del Nuevo Testamento, fue creyente antes de ser cristiano."[26] Esta afirmación me parece un intento desesperado de fortalecer la posición inclusivista. ¿Se puede decir que un creyente que temía a Jehová y que conocía y creía en la revelación especial de Dios del Antiguo Testamento era un pagano santo?

Hechos 17:28-30. En el mensaje memorable de Pablo a los intelectuales atenienses, cita de un filósofo estoico pagano: "Porque en él vivimos, y nos movemos, y somos; como algunos de vuestros propios poetas también han dicho: Porque linaje suyo somos" (v. 28).

Pinnock considera que las palabras Pablo constituyen la aceptación de sentimientos religiosos paganos,[27] y Alan Race afirma que el mensaje de Pablo "reconoce la autenticidad de la adoración de los hombres de Atenas en el altar de su dios desconocido."[28] El argumento de Race, sin embargo, se falsifica en la misma conclusión del sermón de Pablo: "por cuanto ha establecido un día en el cual juzgará al mundo con justicia, por aquel varón a quien designó, dando fe a todos con haberle levantado de los muertos" (v. 31). Aparte, es notable que a través de las palabras de Pablo algunos atenienses abandonaron a sus dioses falsos y aceptaron a Jesús (v. 34).

Pinnock y Race se olvidan que Pablo era un hombre educado dirigiéndose a una audiencia sumamente intelectual. ¿Qué mejor forma de captar su atención que demostrar su familiaridad con sus escritores? Una sola cita no creo que hace de Pablo un simpatizante de la filosofía estoica.[29]

Pinnock expande su interpretación de este texto. En el versículo 30 Pablo dice "pero Dios, habiendo pasado por alto los tiempos de esta ignorancia, ahora manda a todos los hombres en todo lugar, que se arrepientan." Para Pinnock, esta afirmación paulina quiere decir que Dios hace caso omiso de los pecados de todos los que no conocen a Jesús. El erudito neo-testamentario F. F. Bruce tiene una interpretación más sensata de las palabras de Pablo. Por paciente que fue Dios antes de la venida de Cristo, Pablo está diciendo que ahora la paciencia de Dios se ha agotado. Dice Bruce: "Si antes [de la venida de Cristo] había culpabilidad en la ignorancia de la naturaleza divina, ahora es inexcusable. Que todos en todas partes (en Atenas incluso) se arrepientan de su falsa concepción de Dios y que todos acepten el verdadero conocimiento de él que está disponible en el evangelio."[30]

Es difícil comprender como pasajes que claramente invitan a los paganos perdidos a poner su confianza en Cristo puedan considerarse como apoyo para la posición inclusivista y su afirmación de que la fe salvadora puede existir aparte de Jesucristo.[31]

El Acceso Universal a la Salvación

Los inclusivistas citan varios textos de las Escrituras que supuestamente apoyan su creencia que Dios está obligado a proveer acceso para todos a la salvación a través de la historia del mundo. Tales textos incluyen:

- o Porque esto es bueno y agradable delante de Dios nuestro Salvador, el cual quiere que todos los hombres sean salvos y vengan al conocimiento de la verdad. (1 Timoteo 2:3-4)
- o Y él es la propiciación por nuestros pecados; y no solamente por los nuestros, sino también por los de todo el mundo. (1 Juan 2:2)
- o Porque la gracia de Dios se ha manifestado para salvación a todos los hombres. (Tito 2:11)

Lo que tienen en común todos estos textos es que apoyan la idea del acceso universal a la salvación en su uso de palabras como *todos* y el *mundo*. Los inclusivistas piensan que tales palabras siempre significan cada individuo en la historia de la humanidad. Pero no está claro que estos versículos enseñan lo que los inclusivistas dicen que enseñan. Considere por ejemplo Tito 2:11. ¿Puede la palabra *todos* referirse a cada ser humano que ha vivido o que vivirá?

Muchos teólogos proponen que expresiones como *todos* pueden referirse o bien *a todos los humanos sin distinción* o bien *a todas las personas sin excepción*. Desde esta perspectiva, textos como Tito 2:11 no describen lo que Dios ha hecho o está haciendo para todas las personas sin excepción, sino más bien reportan lo que Dios ya hizo para todos los humanos sin distinción. O sea, Cristo no murió únicamente para judíos, para varones, para personas con educación o para personas con cargos políticos. También murió para gentiles, para mujeres, para analfabetos y para los esclavos y los pobres. Murió por judíos, sí. Pero también murió por romanos, tracianos, sirianos, etíopes, macedonios y samaritanos. Todos estos pasajes – Tito 2:11, 1 Timoteo 2:3-4 y 1 Juan 2:2 – nos enseñan lo que Dios ha hecho para toda la humanidad sin distinción.[32]

Hablando con franqueza, los pasajes que utilizan los inclusivistas para apoyar su posición fallan terriblemente. El fracaso exegético junto con las fallas teológicas que ya he enumerado sugieren que el inclusivismo está en gran necesidad de una re-examinación de su posición.

El Restrictivismo y las Escrituras

El restrictivismo tiene un mayor apoyo escritural que el inclusivismo. Aparte de los numerosos textos bíblicos que enseñan lo opuesto al inclusivismo, el mensaje principal misionero y evangelístico de todo el Nuevo Testamento niega las afirmaciones inclusivistas. Para cerrar esta porción de mi capítulo, consideraré aquí algunos de estos pasajes claves a favor del restrictivismo y rebatiré las respuestas inclusivistas.

Si confesares con tu boca que Jesús es el Señor, y creyeres en tu corazón que Dios lo levantó de los

muertos, serás salvo. Porque con el corazón se cree
para justicia, pero con la boca se confiesa para
salvación. (Romanos 10:9-10).

Con respecto a este pasaje dice Sanders, "Es claro que en
Romanos 10:9 quien confiesa a Jesús como Señor y cree
en su corazón que Dios lo levantó de los muertos será
salvo. Lo que no está claro es si los que no cumplen con
estos requisitos están perdidos. Pablo simplemente no
específica cuánto tiene que saber una persona para ser
salvo."[33]

Sanders interpreta este pasaje como una oración
condicional comparable a "si llueve, se mojará la acera."
O sea, si confiesas a Jesús como Señor y crees en tu
corazón que Dios lo levantó de los muertos, serás salvo.
Ambas oraciones condicionales son verdaderas, nos
asegura Sanders. Pero si volteamos la primera oración
no obtenemos una oración verdadera. La acera puede
estar mojada por muchas razones, como por ejemplo si
se le echó una cubeta de agua.

De la misma manera, Sanders insiste que no
podemos invertir las oraciones condicionales de
Romanos 10:9-10. Sanders dice: "A veces se argumenta
que como todos los que aceptan a Cristo son salvos, sólo
los que aceptan a Cristo pueden ser salvos. Pero esto es
como argumentar que como todos los labradores son
perros, todos los perros tienen que ser labradores."[34]

La argumentación lógica de Sanders es cierta
cuando se trata de aceras y perros: el razonamiento
condicional en estos casos funciona en una dirección
pero no en la otra. Pero ¿tiene Sanders razón al afirmar
que la oración "todos los que reciben a Cristo serán
salvos" no es equivalente a la oración "todos los que no
reciben a Cristo están perdidos"?[35] Si tiene razón,
entonces el significado restrictivista tradicional que se
pensaba estar encerrado en Romanos 10:9-10 resulta ser
un enorme error lógico.

Sanders tiene razón al señalar que proposiciones

del tipo "si *A* pues *B*" no son equivalentes a proposiciones del tipo "si *B* pues *A*." Pero hay una excepción a esta regla. La proposición "todo *A* es *B*" sí es equivalente a "todo *B* es *A*" donde *A* y *B* son equivalentes. Si la clase de todas las personas que tienen fe salvadora en Jesucristo (llamémosle *A*) es equivalente a la clase de todos los creyentes salvos (llamémosle *B*), entonces cada miembro de *A* también es miembro de *B* y viceversa. En tal caso, uno es justificado al decir que "todo *A* es *B*" y "todo *B* es *A*." Lo mismo se puede decir de oraciones hipotéticas de tipo "si *A* pues *B*."

Este pequeño tangente en la lógica revela que el argumento inclusivista no puede descalificar a Romanos 10:9-10. Lo que hace Sanders en realidad es de suponer que se tratan de dos distintas clases de personas (lo que es igual a suponer el inclusivismo) y luego usa ese supuesto para alterar el significado del texto. Desafortunadamente, ni siquiera admite de una interpretación restrictivista de Romanos 10:9-10.

Hechos 4:12. A primera vista, el significado de este texto parece ser claro: "Y en ningún otro hay salvación; porque no hay otro nombre bajo el cielo, dado a los hombres, en que podamos ser salvos." Pero según Pinnock, Hechos 4:12 no trata de forma alguna la cuestión del destino de los no evangelizados. Pinnock dice además que "el texto trata más bien del incomparable poder del nombre de Jesús para salvar (y sanar) a aquellos que escuchan y responden a las buenas nuevas. Pero no hace comentario alguno sobre el destino del pagano." Para Pinnock, ese versículo "no emite juicio, ni positivo ni negativo, en cuanto a otras preguntas que nos interesan inmensamente, o sea, el estatus de otras religiones y su papel en la providencia de Dios y su plan de redención."[36]

Pero me es difícil entender porque la afirmación de Pinnock no contradice la proposición inequívoco del versículo que "no hay salvación [y sanidad] en otro nombre." En el fondo, Pinnock hace uso aquí de la misma lógica que usa Sanders en su interpretación de Romanos 10:9-10. Se reconoce que Jesús hace algo único y maravilloso para el mundo, pero se niega que este sea la forma exclusiva en que Dios obra.[37]

Es cierto que el contexto más amplio de Hechos 4 enfatiza la salvación íntegra que incluye tanto la sanidad física como la emocional. Pero sería un error ignorar la relación entre el versículo y el contexto de todo el libro de los Hechos. Como mostraré más adelante, una examinación cuidadosa de Hechos revela contundentemente que Pablo y los otros evangelistas presentan un evangelio exclusivo.

Juan 14:6. En este pasaje familiar, Jesucristo dice: "Yo soy el camino, la verdad y la vida. Nadie viene al Padre si no es por mi." Difícilmente se podría hallar una declaración más restrictivista que la de Jesús. A pesar de ello, Sanders cree que el versículo mantiene silencio con respecto a los no evangelizados. Para Sanders, mientras que el versículo afirma que todos los que creen en Jesús serán salvos, no significa que todos los que no creen en él perecerán.[38]

Pero las palabras, "nadie viene al Padre si no es por mi" son incompatibles con las ideas inclusivistas. Si la interpretación de Sanders es correcta, las habilidades comunicativas de Jesús se tendrán que re-examinar. De hecho, lo mismo se puede decir de otros autores quienes escribieron bajo la inspiración del Espíritu de Dios. Tal vez si ellos supieran de las posiciones no-restrictivistas y las ideas inclusivistas que se les atribuye hubieran seleccionado sus palabras con más cuidado.

Otros Textos. Hay varios otros textos que hablan por sí solos:

o El que tiene al Hijo, tiene la vida; el que no tiene al Hijo no tiene la vida. (1 Juan 5:12)

o Mas a todos los que le recibieron, a los que creen en su nombre, les dio potestad de ser hechos hijos de Dios. (Juan 1:12)

o   Hizo además Jesús muchas otras señales en presencia de sus discípulos, las cuales no están escritas en este libro. Pero estas se han escrito para que creáis que Jesús es el Cristo, el Hijo de Dios, y para que creyendo tengáis vida en su nombre. (Juan 20:30-31)

o   Todo aquel que niega al Hijo, tampoco tiene al Padre. El que confiesa al Hijo, tiene también al Padre. (1 Juan 2:23)

o   El que en él cree, no es condenado; pero el que no cree, ya ha sido condenado, porque no ha creído en el nombre del unigénito Hijo de Dios. (Juan 3:18)

Hay un mundo de diferencia entre las palabras que encontramos en la Biblia y las posiciones de los inclusivistas. El apoyo escritural del inclusivismo es tenue y refleja el patrón incómodo de tergiversar proposiciones bíblicas claras que son contrarias a su posición.

La Evangelización Post-mortem y 1 Pedro 3-4

En cuanto a la evangelización post-mortem (PME por sus siglas en inglés, llamado "perseverancia divina" por Gabriel Fackre) nos podemos hacer la siguiente pregunta: ¿Qué enseña la Biblia acerca de la salvación o la evangelización después de la muerte? Los adherentes a la PME usan cinco textos claves para apoyar su posición: 1 Pedro 3:18-4:6, Hechos 17:31, 2 Timoteo 4:8, 1 Juan 4:17 y Juan 5:25-29. Desafortunadamente, al citar estos pasajes rara vez lo acompañan con una exégesis seria. Les animo a los lectores a estudiar con atención los últimos cuatro pasajes mencionados anteriormente. Creo que encontrarán por su propia cuenta que estos textos no dicen nada acerca de este tema.

Pero el pasaje largo en 1 Pedro es un caso diferente aun si los adherentes de PME también lo interpretan muy por encima. 1 Pedro 3:18-21 dice lo siguiente:

> Porque también Cristo padeció una sola vez por los pecados, el justo por los injustos, para llevarnos a Dios, siendo a la verdad muerto en la carne, pero vivificado en espíritu; en el cual también fue y predicó a los espíritus encarcelados, los que en otro tiempo desobedecieron, cuando una vez esperaba la paciencia de Dios en los días de Noé, mientras se preparaba el arca, en la cual pocas personas, es decir, ocho, fueron salvadas por agua. El bautismo que corresponde a esto ahora nos salva (no quitando las inmundicias de la carne, sino como la aspiración de una buena conciencia hacia Dios) por la resurrección de Jesucristo.

En los versículos que siguen a este pasaje, Pedro habla de cómo los cristianos rechazan la vida pecaminosa de los que no son salvos. Debido a este rechazo, los cristianos sufren de abusos por parte de los pecadores que un día estarán frente al Juez de los vivos y de los muertos. Luego escribe Pedro: "porque por esto también ha sido predicado el evangelio a los muertos, para que sean juzgados en carne según los hombres, pero vivan en espíritu según Dios" (4:6).

Los adherentes de PME conectan 1 Pedro 4:6 con la referencia al Arca de Noé y los "espíritus encarcelados." Ven la predicación a los espíritus encarcelados como una alusión al descenso de Jesús al infierno (concepto sobre el cual hay mucho debate entre los evangélicos). Pero esta táctica sufre de una debilidad exegética. Ignora el hecho de que 1 Pedro 4:1-5 contiene conceptos totalmente ajenos a este tema. Aun así los adherentes de PME insisten que hay una línea ininterrumpida de pensamiento entre 1 Pedro 3:21 y 4:6. Sería extremadamente peculiar que Pedro escribiera de esta forma.

El pasaje en 1 Pedro 4:6 puede hacer uso de una técnica verbal común en la Biblia que describe a los cristianos como personas que están "muertos" a ciertas conductas, actitudes y actividades de su pasado. En Gálatas 2:19-20 Pablo se describe como crucificado juntamente con Cristo y dice "mas ya no vivo yo sino que Cristo vive en mi." En Romanos 6:2 Pablo dice que los cristianos han muerto al pecado. Es posible que Pedro está usando este mismo vocabulario en 1 Pedro 4:6. Claro, no descarto la posibilidad de que Pedro nos esté diciendo que, en esta etapa temprana de la iglesia, muchos quienes recibieron el evangelio han muerto físicamente pero que permanecen con nosotros espiritualmente.

Mi argumento es que la interpretación de 1 Pedro 4:6 dada por los adherentes de PME no es la única ni la más convincente. Los cristianos sabios no suelen basar ninguna doctrina – y mucho menos una doctrina tan polémica y con tanta susceptibilidad a la herejía – en un solo pasaje de la Biblia cuya interpretación es ambigua. Si esta aproximación se aplicara a 1 Corintios 15:29 conduciría a una práctica de bautizar a los vivos como sustitutos de los que murieron sin bautizarse. Es claro, pues, que hay muchas razones por las que podemos creer que 1 Pedro no enseña la evangelización después de la muerte.

Pero en 1 Pedro 3:19-20 también hay una referencia a la predicación del evangelio a los espíritus encarcelados. ¿A qué se refiere esto? Este versículo a menudo se inserta en el debate porque los adherentes de PME lo entienden como una indicación de que entre su muerte y su resurrección, Jesús descendió al Hades y evangelizó a algún grupo de personas que ya habían muerto. La razón por la cual falla esta interpretación es porque el versículo 20 describe los recipientes del mensaje de Cristo quienes vivieron durante el tiempo de Noé. ¿Les predicó Jesús a estos incrédulos antes del diluvio? Si es así, ¿por qué predicaría únicamente a los incrédulos? ¿Por qué no predicó también a los patriarcas del Antiguo Testamento quienes hubieran aprovechado su mensaje? Todas estas preguntas sugieren que el argumento está severamente desalineado.

Hay buena razón por creer que 1 Pedro 3 no enseña ningún tipo de evangelización en la ultratumba. El contexto es el de Pedro animando a los cristianos a permanecer firmes en su testimonio y su evangelismo a pesar de la persecución. No tiene sentido que Pedro les anime a los cristianos de esta manera si los mismos incrédulos responsables por su sufrimiento tendrán una segunda oportunidad después de la muerte.

Sanders añade que las palabras de Pedro sirven para desaminar a los cristianos a vivir vidas mundanas,[39] pero seguramente no le ha atinado al meollo del asunto. ¿Por qué les exhortaría a los cristianos a persistir en su testimonio si los incrédulos tendrán una oportunidad de salvarse después de la muerte? Si Pedro quiso afirmar PME en su epístola, este sería el lugar para hacerlo. El hecho de que Pedro no lo hace sugiere que la evangelización en la ultratumba no era parte de su entendimiento de la fe cristiana.

Entonces, ¿de qué estaba hablando Pedro? Algunos piensan que 1 Pedro 3 significa que Cristo predicó a los perdidos mientras vivía y que estas almas perdidas estaban figurativamente en prisión. La predicación de Cristo a los perdidos es semejante a la predicación de Noé antes del diluvio. Otra interpretación sugiere que 1 Pedro 3:19 se refiere al Espíritu de Cristo (1 Pedro 1:11) que habló por medio de Noé (2 Pedro 2:5) a los hombres y las mujeres que ahora están en la prisión del juicio. Fueron juzgados por su desobediencia y ahora sufren las consecuencias. Fueron expuestos a la luz por medio de la predicación de Noé pero la rechazaron. En estas dos interpretaciones, que parecen ser más adecuadas, no existe indicio alguno de una evangelización después de la muerte.

Otros Asuntos en torno a PME

Los adherentes de PME proponen que en la iglesia primitiva creía que Jesús descendió al infierno entre su muerte y resurrección. Esta frase, claro está, se encuentra en el Credo de los Apóstoles y lo más probable es que cada uno de nosotros lo ha repetido en más de una ocasión. Los adherentes de PME asocian esta frase con su interpretación de 1 Pedro 3-4. Pero como hemos demostrado, 1 Pedro 3:18-4:6 no tiene el significado que los adherentes de PME le han asignado y, por eso, no tiene relación con esta línea del credo.

Uno de los supuestos que subyace la idea de un descenso de Jesús al infierno entre su muerte y resurrección es que la expiación sustitutiva requirió que Jesús llevara sobre él todo el castigo nuestro. Como nuestro castigo merecido incluye el infierno, era necesario que él tomara nuestro lugar allí. Hay varios puntos preocupantes en esta idea. La objeción más seria es la falta de reconocimiento del tormento infernal que sufrió Jesús al momento de estar colgado al madero. Este punto es crucial si consideramos que el rasgo definitorio del infierno es la separación de Dios. Es innegable que Cristo sufrió esta separación de Dios mientras que estuvo en la cruz. "Eli, Eli, lama sabactani" (Dios mío, Dios mío, ¿por qué me has desamparado?) fue su gemido desde la cruz (Mateo 27:46). Estas son las palabras de un alma perdido y seguramente serán las mismas palabras de los almas gimientes en el infierno. No creo, entonces, que un descenso al infierno hubiera resultado en mayor sufrimiento que la angustia que sufrió en la cruz.

Otro asunto es que los adherentes de PME creen que el hombre está perdido porque ha rechazado a Cristo. Una vez que comenzamos desde este punto de partida, la consecuencia lógica es que aquellos que no han oído deben tener la oportunidad de determinar su destino después de la muerte. Pero el punto de partida es falso. En Romanos 3 leemos porque el hombre está perdido. "Por cuanto todos pecaron y están destituidos de la gloria de Dios" (v. 23); "no hay justo, ni aun uno" (v. 10). Estamos perdidos, no porque hemos rechazado a Jesús, sino porque hemos pecado (Salmo 51:5; Efesios 2:1-3).

Podemos encontrar un indicio del pensamiento de la iglesia primitiva con respecto a este asunto en el segundo libro de Clemente. Dice "después de partir de este mundo, no nos pertenecerá más el poder de confesar o arrepentir" (8:3). Es posible que esta afirmación se hizo necesaria al término del primer siglo porque algunos proponían la posibilidad de la salvación después de la muerte. La razón por la cual estas palabras no existen en el Nuevo Testamento probablemente refleja el desarrollo tardío de la noción.

En el capítulo 7 de Mateo vemos un claro ejemplo de la idea neo-testamentaria que la muerte física constituye el límite de la oportunidad para la salvación. En los versículos 13 y 14, Jesús habla de la puerta ancha y el camino ancho que llevan a la destrucción. También invita a sus oyentes a entrar por la puerta estrecha y seguir el camino angosto. En estas palabras, no existe sugerencia alguna de que hay otra oportunidad para la salvación después de la muerte. Luego, Jesús da una advertencia acerca de los profetas falsos que llegan vestidos de ovejas (Mateo 7:15-20) y concluye diciendo: "todo árbol que no da buen fruto, es cortado y echado en el fuego." El énfasis aquí es en las decisiones que tomamos en esta vida.

En Mateo 7:21-23 Jesús habla de aquellos que vendrán en pos de él en el día de juicio diciendo "Señor, Señor, ¿no profetizamos en tu nombre y en tu nombre echamos fuera demonios y en tu nombre hicimos muchos milagros?" Jesús responderá, "Nunca os conocí; apartaos de mí, hacedores de maldad." Aquí vemos de nuevo que el juicio después de la muerte se basa en las acciones antes de la muerte. También en la conocida parábola del hombre que construyó su casa sobre la arena en Mateo 7:24-27, Jesús vuelve a enfatizar este punto.

Un estudio de las parábolas de Jesús en Mateo 13 también nos ayuda a esclarecer el asunto. Al explicar la parábola del trigo y la cizaña (vv. 24-30, 36-43), Jesús dice, "de manera que como se arranca la cizaña, y se quema en el fuego, así será en el fin de este siglo. Enviará el Hijo del Hombre a sus ángeles, y recogerán de su reino a todos los que sirven de tropiezo y a los que hacen iniquidad" (vv. 40-41). El pecado y la maldad se refieren a lo que se hizo antes de morir. No existe en este pasaje indicio alguno de que habrá otra oportunidad de arrepentimiento después de la muerte. Lo mismo se desprende de Mateo 24:41-46.

También valdría la pena escudriñar la historia del rico y Lázaro en Lucas 16:19-31. Los adherentes del PME probablemente quieren ignorar este pasaje. Como es una parábola, dicen que su interpretación exacta es inconclusa. Dicen que la enseñanza principal de la parábola tiene que ver con el uso inapropiado de las riquezas y no con el juicio después de la muerte. Pero aun así, las enseñanzas que se desprenden de la parábola acerca del juicio no pueden considerarse incidentales o irrelevantes. El Maestro de maestros no podía ignorar el importe que tenía esta parábola en el asunto del juicio final de Lázaro y el hombre rico después de la muerte. Lucas 16:19-31 no se puede ignorar como una fuente de la creencia que el juicio después de la muerte se basa en decisiones tomadas antes de la muerte.

En todos estos pasajes y en otros lo que vemos es que la muerte física representa el término de la oportunidad para la salvación. El que quiera demostrar que Jesús o los apóstoles lo veían de otro modo ha de llevar la carga de demostrar lo contrario. Dada las implicaciones serias de una creencia en la salvación después de la muerte, el silencio de las Escrituras ha de ser un buen motivo para abandonar la idea.

Por fin, creo que vale la pena recordar lo que leemos en Hebreos 9:27: "y de la manera que está establecido para los hombres que mueran una sola vez y después de esto el juicio." Muchos adherentes de PME afirman que este es el único pasaje en el Nuevo Testamento que establece la muerte como el límite de la oportunidad humana. Pero ya hemos visto que esto no es cierto. Hebreos 9:27 no dice que el juicio viene inmediatamente después de la muerte, sino que dice que el orden de los eventos es la muerte primero y luego el juicio. El viene después de la muerte, pero no se especifica la duración del intervalo entre los dos. La intención del versículo pues es de demostrar que el juicio de cada hombre es un reflejo de la condición de ese hombre con Dios a la hora de morir.

El Problema Difícil de la Misiones Cristianas

El problema de las misiones cristianas amenaza persistentemente tanto a los inclusivistas como a los adherentes de PME. Muchos de los que escuchan por primera vez los argumentos a favor del inclusivismo y de PME perciben la forma en que dichos argumentos debilitan el esfuerzo misionero y evangelístico de la iglesia. Sean justificadas dichas conclusiones o no, a mi lo que me sorprende es la consecuencia irónica de las otras dos perspectivas presentadas en este libro. Tengo en mente aquí la conclusión de que la razón principal por la que una persona está perdida es porque ha tenido o no ha tenido una oportunidad de escuchar el evangelio. Según la postura inclusivista, tales personas pueden ser salvos si sus vidas reflejan el "principio de la fe." Según la postura de la PME, las personas que no escucharon el evangelio en vida, tendrán la oportunidad de escucharlo después de la muerte.

Pero ¿qué les sucede a estas personas cuando un misionero, a gran costo personal, deja su país y su familia y va a una tierra lejana para llevarles el evangelio? Si escuchan el evangelio y lo rechazan, el sacrificio del misionero tiene como consecuencia primaria el asegurar la condenación. Si el misionero se hubiera quedado en la comodidad de su hogar en su país, el destino eterno de los no evangelizados no se habría comprometido. Su oportunidad para la salvación habría permanecido vigente bajo los supuestos de los inclusivistas y los adherentes de PME. Pero en el momento que escuchan el evangelio, ya se condenan pues ya no reciben la protección que les brinda el inclusivismo y la PME.

Supongo que John Sanders y Gabriel Fackre sostienen versiones más sofisticadas de sus posturas. Sin embargo, sería de beneficio escuchar de ellos mayores detalles acerca de cómo evitan esta consecuencia peculiar de la obra misionera.

Dejando a un lado este problema, concuerdo con John Sanders en que "el simple hecho de que algunos generan su motivación en las misiones a partir de la creencia de que todos los no evangelizados están perdidos no quiere decir que realmente están perdidos. Al contrario, hay muchas buenas razones por continuar la obra misionera aun cuando existe esperanza para los no evangelizados sin ella."[40] Concuerdo que la veracidad de una teoría o una práctica no es determinada por su utilidad. Pero claro, una navaja tan afilada corta en ambas direcciones. Por ejemplo, esta visión elimina los intentos de persuadir a otros a aceptar el evangelio por medio de una apelación a sus emociones. Aunque las teorías de los inclusivistas y de los adherentes de PME son atractivas, eso no quiere decir que son veraces.

Cierro esta sección sobre misiones con algunos comentarios. (1) Concuerdo con Sanders que las implicaciones que tiene su teoría en la evangelización y las misiones no descarta el inclusivismo como una teoría falsa. (2) Sin embargo, hay otras razones que he enumerado en este capítulo que demuestran que tanto el inclusivismo y la PME son teorías falsas. (3) Es posible que una teoría falsa no resulte en daños mayores. Sin embargo, este no es el caso con las teorías del inclusivismo y la PME. Estas teorías falsas debilitan la misión de la iglesia aquí en la tierra y obstaculizan a la evangelización.

Aprendiendo del Libro de los Hechos

Es sorprendente lo que uno puede aprender al leer por completo el libro de los Hechos con el inclusivismo en mente. Al examinar los mensajes que dieron Pedro, Felipe, Pablo y otros, valdría la pena considerar su perspectiva y preguntarnos si su mensaje concuerda con los postulados inclusivistas. A modo de ensayo, me propuse a leer el libro de los Hechos de esta manera. Lo que encontré me sorprendió.

Por ejemplo, me pregunto si un inclusivista se tomaría la libertad de alterar las palabras de Pedro en Hechos 2:38: "Arrepentíos y bautícese cada uno de vosotros en el nombre de Jesucristo para perdón de los pecados; y recibiréis el don del Espíritu Santo." El "principio de la fe" que identifica Pinnock no se encuentra en el mensaje de Pedro. Las palabras de Pedro toman por sentado que todos sus oyentes estaban perdidos y necesitaban el perdón. A diferencia de Pedro, los inclusivistas guardan silencio con respecto al problema del pecado de los que llaman creyentes no evangelizados. Pero Pedro ciertamente no habló como alguien que creyera que algunos de sus oyentes eran salvos ya simplemente porque habían buscado a Dios fielmente dentro de sus posibilidades limitadas.

Si Pablo hubiera sido un inclusivista, me supongo que sus respuestas habrían sido muy diferentes. ¿Qué le hubiera dicho al carcelero de Filipo cuando le preguntó 'qué debo hacer para ser salvo'? El inclusivista tal vez le habría dicho que se fijara bien para asegurarse que no ha creído anteriormente. O tal vez le habría invitado a dialogar sobre su relación con el contenido salvífico de la revelación general. Me parece que ningún inclusivista habría respondido como lo hizo Pablo: "Cree en el Señor Jesucristo, y serás salvo, tú y tu casa" (Hechos 16:31).

Aun una lectura superficial de Hechos revela el énfasis que hay en la muerte y la resurrección de Jesús. Los inclusivistas, sin embargo, insisten que estos dos eventos no son el enfoque central del evangelio. Pero si hay otro evangelio que podría dar salvación – un evangelio que no requiere de la muerte y resurrección de Jesús - ¿por qué fue que los apóstoles no lo proclamaron también?

Si Pablo fuera un inclusivista, le hubiera sido imposible emitir este juicio ante los judíos incrédulos: "A vosotros a la verdad era necesario que se os hablase primero la Palabra de Dios; mas puesto que la desecháis, y no os juzgáis dignos de la vida eterna, he aquí, nos volvemos a los gentiles" (Hechos 13:46). Con estas palabras, Pablo indica no tanto que sus oyentes perdieron su oportunidad para la vida eterna en ese momento, sino más bien que carecían de ella aun antes de escuchar el evangelio. Hasta donde pudo saber Pablo, sus nombres no estaban escritos en el libro de la vida (Apocalipsis 17:8).

¿Cómo podría haber dicho un inclusivista o un adherente de PME lo que Pablo dice en Hechos 20:26-27: "Por tanto, yo os protesto en el día de hoy, que estoy limpio de la sangre de todos porque no he rehuido anunciaros todo el consejo de Dios"? Si Pablo hubiera rehusado predicar el evangelio completo, sería responsable por el destino de todos. Esto no concuerda con las posturas inclusivistas o de PME. Estas teorías minimizan la responsabilidad que tenemos por los no evangelizados, pues Dios mismo se encarga de ellos. El adherente de PME llegaría a una conclusión semejante.

Si yo fuera un inclusivista, me quedaría asombrado por lo que Dios le dijo a Pablo: "librándote de tu pueblo, y de los gentiles, a quienes ahora te envío, para que abras sus ojos, para que se conviertan de las tinieblas a la luz, y de la potestad de Satanás a Dios; para que reciban, por la fe que es en mi, perdón de pecados y herencia entre los santificados" (Hechos 26:17-18).

Un vistazo muy por encima del libro de los Hechos demuestra que Pedro y Pablo no hablaron ni se comportaron como inclusivistas o como adherentes de PME. En Hechos 26:17-18 vemos que Dios tampoco habla ni se comporta como ellos.

Conclusión

Ahora, pues, le invito al lector a reflexionar sobre la condición de Saulo de Tarso antes de su conversión. Saulo, creo yo, satisfizo todos los requisitos de una salvación inclusivista. Satisfizo el "principio de la fe" de Pinnock. Pues, no tan solo creyó en Dios sino que también lo buscaba con diligencia. De hecho, buscó a Jehová con tal pasión que participó en la persecución y en la ejecución de sus enemigos (Hechos 22:20).

Vale la pena leer una vez más la descripción que Pablo mismo hace de su celo por Dios antes de su conversión (Hechos 26:4-5; Filipenses 3:4-6). Si el inclusivismo es cierto, entonces Saulo el fariseo era salvo. Pero esto no es lo que nos indica Pablo bajo la inspiración divina del Espíritu Santo (Filipenses 3:7-11). Aunque Pablo cumplió con todos los requisitos de la salvación inclusivista, estaba aún perdido (1 Timoteo 1:15).

Si comenzamos con la premisa "Si *A* pues *B*" y luego descubrimos que *B* es falso, tenemos que concluir que *A* también es falso. Por ejemplo, si Ronald Nash es el mejor futbolista del mundo, habrá ganado al menos un campeonato. Pero si es falso que Ronald Nash ha ganado al menos un campeonato, entonces es falso también que Ronald Nash es el mejor futbolista del mundo. De la misma manera, si el inclusivismo es verdad, entonces Saulo de Tarso era salvo. Pero es falso que Saulo de Tarso era salvo. Por lo tanto, el inclusivismo también es falso.

El inclusivismo y la doctrina de PME se vuelven cada vez posiciones más influyentes entre los evangélicos de la actualidad. Dada las debilidades de estas posturas, me parece obvio que los evangélicos que las sostienen necesitan reflexionar más profundamente sobre estos temas. Para muchos de ellos, sospecho que estas posturas son maneras fáciles de evadir las dificultades en torno al destino de los no evangelizados. Las teorías sin duda apelan poderosamente a nuestras emociones. Pero su aceptación viene a un costo teológico demasiado alto. Sus premisas son especulativas y sus conclusiones teológicas son dañinas.[41]

RESPUESTA A NASH
John Sanders

Comenzaré por decir que me habría gustado que Nash presentara positiva y constructivamente la posición restrictivista. El formato de los libros de múltiples perspectivas requiere de presentaciones afirmativas de cada posición. Lo que encontramos en el capítulo de Nash, sin embargo, es más una crítica que una presentación. Por lo tanto, lo que nos queda en este libro son dos perspectivas y una crítica extensa. Nash defiende su metodología al afirmar que una manera válida de conocer una posición en particular es por medio de una comparación con otras posiciones. Hay algo de verdad en su afirmación. El estudio, por ejemplo, de las herejías en torno a la Trinidad es una manera de entenderla mejor. Pero eso no quiere decir que no hay necesidad de una presentación afirmativa. Una simple crítica de las posiciones de los demás autores no nos permite conocer la posición precisa del autor. Lo que vemos en el capítulo de Nash, además, es que toma por sentado la veracidad de su posición y por ende nos comunica que su posición no requiere de una defensa. Pero en un libro de múltiples perspectivas sobre el milenio ¿sería válido que el autor amilenarista afirmara que su posición es la postura bíblica y, en vez de exponer esa posición, se ocupa mejor de atacar las posiciones premilenarista y post-milenarista?

El supuesto de veracidad de Nash lo lleva a concluir que Fackre y yo hemos presentado "un entendimiento novedoso de la forma en que Dios salva al hombre." O bien Nash no conoce la historia o bien sufre de amnesia en cuanto a los teólogos, clérigos y laicos en la tradición evangélica que sostienen una esperanza amplia. Es una retórica sagaz por parte de Nash el decir que yo intento introducir una visión nueva a un público ingenuo. El inclusivismo, no obstante, ha sido defendido por teólogos y apologistas tan antiguos como la iglesia misma. Ha sido defendido por escritores como Justino Mártir. Ha sido defendido por ortodoxos de la talla de Juan Wesley, por teólogos de la talla de Augusto Strong y William Shedd y por evangélicos de la talla de Bernard Ramm. En los estudios panorámicos, además, vemos que la tensión entre el inclusivismo y el restrictivismo es perenne en el pensamiento evangélico.[1] Nash cita a un escritor del siglo II que apoya su perspectiva pero ignora a las decenas de figuras históricas que han afirmado el inclusivismo. Así desea crear la impresión de que el inclusivismo no existió hasta que algunos evangélicos aberrantes lo inventaran al final del siglo XX.

Aun si fuera precisa su lógica, el hecho de que el restrictivismo sea la posición más popular no quiere decir que es la correcta. Muchos evangélicos conservadores del siglo XIX, por ejemplo, defendían la esclavitud como el patrón bíblico y como la tradición más popular en América del norte.[2] Obviamente estos teólogos erraban en su interpretación de la Biblia. La misma situación ocurre, desde mi perspectiva, con respecto a la interpretación restrictivista de las Escrituras.

El capítulo de Nash lanza algunas críticas específicas al inclusivismo. Debido al espacio, no podré rebatirlas todas, así que me enfocaré solamente en las más sobresalientes.

La Cuestión de los Creyentes del Antiguo Testamento

Nash sostiene que la muerte y la resurrección de Jesús no son esenciales para el inclusivismo. Esto no es cierto. En mi capítulo volví a repetir que ninguna persona, ya sea Abraham o ya sea Pedro, se puede salvar aparte de la expiación de Cristo. Sin la obra de Jesús, no habría salvación. Nash no puede comprender que personas como Moisés o los no evangelizados pueden ser salvos y que su salvación proviene de Jesús aunque nunca hayan escuchado su nombre.

Nash rechaza esta idea. Propone que los creyentes del Antiguo Testamento conocían la obra de Jesús a través de la sombra que estaba presente en el sistema de sacrificios. No dudo que los creyentes del Antiguo Testamento esperaban que Dios hiciera cambios dramáticos en el futuro de la historia humana, pero no creo que hayan tenido expectativas tan precisas como las que menciona Nash. No conocían, ni podían conocer, el evangelio tal como lo conocemos nosotros. También vale la pena subrayar que no creían en Jesucristo. Si es que, como sugiere Nash, los que confiesan a Jesús como Salvador (Grupo A) son idénticos con los que son salvos (Grupo B), entonces los creyentes del Antiguo Testamento no son salvos pues no confesaron a Jesús como Salvador.

De hecho, el argumento que propone Nash de Romanos 1-3 anula la esperanza no sólo de los no evangelizados sino también de todos (incluso los judíos) los que vivieron antes de su venida que no lo confesaron. Su interpretación de la enseñanza de Pablo es que Dios puede ser conocido a partir de la revelación general pero que todos los gentiles rechazan a Dios (son pecadores). Por eso, la revelación general es una mala noticia que trae consigo únicamente condenación. Desafortunadamente, el mismo tipo de argumento se aplica a los creyentes del Antiguo Testamento. Dios puede ser conocido a partir de la revelación especial pero todos los judíos rechazan a Dios (son pecadores). Para ellos, pues, la revelación especial también es una mala noticia ya que resulta también en condenación. La interpretación restrictivista de Romanos lógicamente consigna la condenación a todos los que vivieron antes de Jesús.

Claro está que Nash dirá que los creyentes del Antiguo Testamento eran salvos porque tenían algo de la revelación bíblica. Pero es aquí donde se complica su argumento. Si podían ser salvos sin confesar a Jesús, entonces ¿qué tanta revelación y qué aspecto de la revelación era necesaria para que una persona se salvara sin confesar a Jesús? Esto es precisamente donde encuentro yo la continuidad entre los creyentes del Antiguo Testamento y los no evangelizados. Ningún grupo posee la revelación completa de Dios en Cristo pero Dios es misericordioso para con ambos a través de varios tipos de revelación divina buscando siempre una respuesta de fe a las múltiples iniciativas del Espíritu.

Otro aspecto problemático en la interpretación de Nash proviene de su insistencia de que cualquiera que ha vivido después de la resurrección de Cristo tiene que creer para ser salvo. Esto, entonces, establece un nuevo requisito de contenido para aquellos que viven después de la resurrección. Pero ¿qué, entonces, de los creyentes judíos que murieron dos horas después de la resurrección pero que nunca escucharon? ¿Perecerán en el infierno? Y ¿qué de aquellos que no escucharon de la muerte y resurrección de Jesús pero que creyeron en el bautismo de Juan el Bautista (Hechos 19:1-7)? Tales personas, según Nash, estuvieron una vez destinados al cielo debido al contenido de su fe, pero luego condenados al infierno por ese mismo contenido. Si los hechos de la muerte y resurrección de Jesús se hubieran postergados, estas personas habrían alcanzado la salvación.

Es mi convicción que las personas se salvan con más o menos conocimiento de lo que Dios está haciendo en el mundo. El gentil no evangelizado tiene menos conocimiento pero no por eso es condenado al infierno. Dios juzga a las personas en base a lo que han recibido y no en base a lo que no han oído (Lucas 12:48).

La Cuestión de los Judíos Creyentes

En cuanto a la salvación de los judíos creyentes, Nash cree haber identificado una objeción crítica al anotar que Saulo de Tarso tenía que haber sido salvo antes de su encuentro con Jesús en el camino a Damasco. Hay varios puntos en este argumento que necesitan señalarse.

Primero, yo no tengo la capacidad ni la autoridad de decir quien es salvo y quien no es salvo. Esa autoridad le pertenece únicamente a Dios. Existían creyentes judíos pero que Saulo fuera uno de ellos permanece una pregunta abierta.

Segundo, aun si concluimos que Saulo era salvo antes de su encuentro con Jesús, la objeción de Nash en realidad no sirve para rebatir nuestra posición. Nash dice que Pablo admite haber sido un "pecador." El Rey David también lo admitió – el hombre conforme al corazón de Dios. El Antiguo Testamento contiene numerosos ejemplos de hombres de gran fe que fueron grandes pecadores – adulterio y homicidio en el caso de David. Cuando examinamos la lista de los "héroes de la fe" en Hebreos 11, hallamos nombres como Sansón, Jacobo y Gedeón – cada uno de ellos sufrió un lapso moral y espiritual y tuvieron conocimiento limitado del programa de Dios – pero aun así fueron hombres de fe.

La diferencia entre Saulo y Pablo es que una vez que conoció a Cristo, se dio cuenta para su propia vergüenza que aunque conocía a Dios, estaba obrando en contra de su plan. Tales descubrimientos no son ajenos a la vida cristiana. La admisión de Pablo que fue el mayor de los pecadores (1 Timoteo 1:15) es semejante a la confesión de David en el Salmo 51. Después de que Jesús lo confrontó, Pablo llegó a conocer con mayor profundidad lo que Jesús había hecho por la humanidad. Vino a reconocer que nada de su vida anterior se comparaba con las riquezas insuperables de conocer a Cristo. Al conocer a Jesús y entender su redención, supo que ninguno de los logros anteriores se comparaban con lo que Cristo había hecho (Filipenses 3:7-11). Si Nash hiciera una lectura cuidadosa de este pasaje, sabría que Pablo sólo está diciendo que considera que nada se compara con Cristo y no que no era salvo.

Cornelio y Otros Gentiles

La misma situación la vemos en el relato de Cornelio en Hechos 10. Resaltando que Dios quiso que Cornelio escuchara de Jesús, Nash critica la noción de que Cornelio ya fuera salvo antes de que Pedro llegara. Pero Nash hace este argumento porque le es inconcebible que una persona le hable a otro de Cristo a menos que este último esté rumbo al infierno. Nash cree que a menos que una persona sea condenado, no tiene necesidad de conocer la gracia de Dios en Cristo Jesús. Yo sí creo que hay personas que están rumbo al infierno que necesitan saber lo que Cristo ha hecho por ellos. Pero también creo que hay quienes, como Abraham, David y Cornelio, están rumbo al cielo y que serían grandemente bendecidos al conocer a Jesús como Salvador.

El inclusivismo sostiene que hay más de un motivo por evangelizar. Los no evangelizados, como Cornelio o como los seguidores de Juan el Bautista que genuinamente confían en Dios, no han experimentado la plenitud de la salvación que viene con una relación personal con Jesucristo. Es fácil agradar a Dios pero es difícil satisfacerle. Se agrada con aquellos que le tienen fe, pero no está satisfecho con ellos hasta que no obtienen la madurez en Cristo.

Pero ¿qué de aquellos que, a diferencia de Cornelio, ni siquiera sabían de la obra de Dios en el Antiguo Testamento? ¿Puede Dios alcanzarles? Pablo creía que sí y por las mismas razones ya mencionadas. En Hechos 17 Pablo les predica a los filósofos estoicos y epicúreos de Atenas. Nash argumenta que como Pablo citó a un solo filósofo griego en su sermón, no simpatizaba con el pensamiento estoico. Al considerar este texto en mi capítulo, sin embargo, cité algunos estudios detallados que demuestran que el sermón de Pablo concuerda tanto con el Antiguo Testamento como con la enseñanza de los estoicos. Es cierto que Pablo cita a un solo poeta estoico pero la gran parte de sus ideas e incluso las construcciones gramaticales que utiliza se encuentran en el estoicismo. Por ejemplo, Pablo dice que toda la raza humana es engendrada de Dios y que Dios es soberano sobre la creación. Ambas ideas eran claves en el estoicismo. Además, Pablo declara que el Dios que estos filósofos adoraban era el mismo de quien les iba a contar (Hechos 17:23). Les dice que Dios ha hecho caso omiso de su ignorancia y que ahora les está informando lo que ha hecho en la persona de Jesús. Desde mi perspectiva, Pablo encuentra terreno común entre los filósofos y la revelación bíblica en base a la revelación general. Luego les informa a sus oyentes de lo que Dios ha hecho por medio de Jesús.

El Papel de la Revelación General

Nash ignora el papel de la revelación general. Debemos sospechar de un uso desenfrenado de la revelación general dado el ejemplo de los pensadores deístas del siglo XVIII. Pero por otra parte, no debemos ignorar la gracia de Dios en su revelación creacional tal como lo hicieron los gnósticos. Dios alcanza a las personas a través de su testimonio en la creación pero quiere más para sus vidas. Su deseo es que todos reciban las bendiciones que se pueden obtener únicamente a través de una relación personal con Jesús.

Con respecto a la afirmación inclusivista de que Dios alcanza a algunos salvíficamente a través de la revelación general, Nash responde que esto lleva consigo una afirmación implícita de que uno puede ganar la salvación en base a obras. Sin embargo, esto es una caracterización equivocada de mi postura. En mi capítulo señalé que este no era el caso, pero lo volveré a enfatizar ahora. Nadie se salva en base a sus propios méritos sino por la obra de Jesucristo en la cruz. Abraham fue salvo por gracia divina debido a la redención que es ofrecida en Cristo. Cualquier persona que se salva, ya sea un santo del Antiguo Testamento, ya sea un creyente no evangelizado o ya sea un cristiano, se salva en base a los méritos de Jesús. Una respuesta apropiada a la gracia divina implica una búsqueda de la voluntad divina. No importa el grado de conocimiento que se tiene de esa voluntad.

Los Niños y los Adultos No Evangelizados
Hay otro mal entendido que se tiene que aclarar. En mi capítulo hice una comparación entre la oportunidad de salvación que Dios extiende a los niños que mueren y la oportunidad que le ofrece a los adultos no evangelizados. Nash piensa que esto quiere decir que como los niños son inocentes, los adultos no evangelizados también tienen que ser inocentes. Lo que he dicho, sin embargo es que los adultos no evangelizados son pecadores ante Dios y no son inocentes. Necesitan la expiación y Dios, en su gracia, busca salvarlos.

Nash argumenta que los niños que mueren son salvos puesto que no tienen pecado personal. Los adultos no evangelizados están perdidos debido a que tienen culpabilidad personal. En ese caso, un niño asesinado es más bendecido que un niño que llega a la madurez. El primero tiene la salvación segura pues, como no maduró no tiene la oportunidad de cometer pecado personal. La posición de Nash es que todos los niños que han muerto en países no evangelizados han sido salvos mientras que los que han madurado en esos mismos países han perecido. Aparentemente Dios ama y salva a los niños que mueren pero no ama a los adultos, pues a ellos no les ofrece la salvación. Desde mi perspectiva, Dios ama a ambos grupos y, en base a los méritos de Jesús, busca la salvación de todos.

La Cuestión Misionera

Nash argumenta que el inclusivismo implica que la salida de misioneros a países no evangelizados es mala noticia para los no evangelizados. Si escuchan el evangelio y lo rechazan perecerán pero si permanecen sin escucharlo serán salvos. Otra vez, hay varios puntos que debo aclarar en esta caracterización de mi postura.

En primer lugar, nunca he dicho que *todos* los no evangelizados son salvos. Algunos no evangelizados son creyentes en Dios pero otros no lo son. Algunos de los que no han escuchado el evangelio lo aceptan inmediatamente cuando se le es presentado. Otros lo rechazan. Algunos incrédulos no evangelizados rechazan el evangelio. Lo que yo creo es que los creyentes no evangelizados aceptarán el evangelio una vez que lo entienden. Ahora bien, no niego que esto puede tomar algún tiempo, pues el evangelio no siempre se entiende de inmediato. La comunicación intercultural es difícil. Hay que admitir que nuestra presentación del evangelio no es siempre perfecta. Ha habido momentos históricos en que lo que se rechazaba no era tanto el evangelio como lo era el imperialismo occidental. Los misioneros no han sido siempre lo suficientemente cuidadoso en distinguir entre las dos cosas. En todo caso, los inclusivistas afirman que aquellos que ya creen eventualmente vendrán a la fe en Cristo una vez que han escuchado.

El tema de las misiones crea problemas para los restrictivistas. Según el restrictivismo, los adultos no evangelizados pueden ser salvos únicamente si oyen la Palabra por medio de misioneros humanos. Si los misioneros no llegan, todos perecerán. Debido a las faltas de los cristianos, entonces, pierden la oportunidad para la salvación. Esto quiere decir que el pecado de los cristianos le quita a Dios la habilidad de salvar a quien desea salvar. No tiene mucho sentido decir que Dios hace todo lo que puede para salvar al hombre si deja que algunos perezcan debido a circunstancias no favorables.

Pero Nash tiene dos respuestas a estas objeciones. Primero, dice que los no evangelizados perecen justamente debido a su propio pecado. Como son pecadores, Dios no tiene obligación de salvarles. No me opongo a su visión de la justicia retributiva de Dios (o sea, el castigo del pecado) pues es solo por gracia que hay salvación. Sí me opongo a la idea de la insuficiencia del sacrificio de Cristo para satisfacer justicia retributiva de Dios para toda la humanidad. La justicia de Dios no es sólo retributiva sino que es distributiva también. Dios distribuye el mérito de la redención de Jesús a toda la humanidad no sólo a unos pocos. Dios hace que la oferta de salvación sea disponible para todos los que jamás hayan vivido.

La segunda objeción es simplemente negar que Dios desea salvar a cada individuo. Dice, más bien, que Dios desea salvar solamente unos pocos de distintos grupos, judíos y gentiles, hombres y mujeres, etc. Nash interpreta pasajes como Dios "quiere que todos los hombres sean salvos y vengan al conocimiento de la verdad" (1 Timoteo 2:4) y Dios "es paciente para con nosotros, no queriendo que ninguno perezca, sino que todos procedan al arrepentimiento" (2 Pedro 3:9) como referencias a la raza humana y no a los hombres individuales. Por lo tanto, Jesús no murió por todos sino solo por aquellos que son elegidos por Dios. De otra forma, la sangre de Jesús se desperdiciaría en los incrédulos. ¿Sería Dios tan ingenuo como para morir por aquellos que lo rechazan?

Aquí encontramos una diferencia crucial entre la perspectiva de Nash y la mía. Nash no cree que Dios ofrece la salvación a todos los pecadores. Cree que Dios salva únicamente a aquellos que desea salvar. Y sólo los que desea salvar escuchan el evangelio. Nash cree que Dios no quiere salvar a los no evangelizados. Si los hubiera querido salvar, habrían escuchado el evangelio. Si mueren sin escuchar el evangelio, eso quiere decir que Dios no los quiso salvar. El restrictivismo dice que todos los que mueren sin escuchar el evangelio perecerán porque son pecadores. No tienen oportunidad alguna de obtener la salvación porque no han oído de Cristo.

Yo tengo una visión fundamentalmente distinta de la gracia divina, la misericordia, la justicia y el amor. En el Nuevo Testamento, yo veo que Dios, en su amor y gracia, desea salvar a cada ser humano que jamás haya vivido en el planeta. La justicia distributiva de Dios provee a cada individuo una oportunidad para la salvación. Por gracia y en justicia, Jesús murió por los pecadores, y por gracia y en justicia la redención es aplicada a aquellos que confiesan a Jesús y a los no evangelizados que tienen fe en Dios a pesar de su conocimiento limitado. No percibo un cismo entre el amor de Dios y su justicia. Al contrario, Dios en justicia lleva su amor a los pecadores.

¿Cómo es Dios?

Me parece que los restrictivistas tienen una visión doble de Dios. Por un lado hay el Dios de la revelación general y de la justicia, lleno de ira y desaprobación del pecador. Por el otro lado hay el Dios Padre de nuestro Señor Jesucristo que ama a los pecadores y sufre en su lugar. El Dios de la revelación general es impotente para mostrar gracia sin el evangelio. El Dios omnipresente muestra hostilidad ante los pecadores pero el Dios encarnado en Jesús muestra amor y compasión para con ellos. La posición se reduce a una forma de gnosticismo.

A diferencia de esta postura, yo creo que el Dios de la creación es el mismo Dios de la redención. El Dios trino que en todos lugares está presente busca la oveja perdida en todo lugar. El Padre misericordioso que fue revelado en Jesús es el mismo Dios de la creación que comunica su amor y su gracia aun por medio de la revelación general. Dios no limita su amor a la presencia de misioneros. El Espíritu sopla donde le place y puede alcanzar al no evangelizado. Jesús murió por cada individuo y el Padre puede tener misericordia para con quien desea tener misericordia (Romanos 9:18). Afortunadamente para nosotros, Dios desea tener misericordia con todos los pecadores (Romanos 11:32).

RESPUESTA A NASH
Gabriel Fackre

Del capítulo de Ronald Nash aprendemos lo que el restrictivismo no es. ¿Por qué hay en el capítulo tan poco acerca de lo que la posición es? Posiblemente tengamos que recurrir al libro *¿Es Jesús el único Salvador?* para hallar la respuesta. Pero en realidad tampoco encontramos allí la respuesta. Esa obra, como el capítulo en este libro, no es más que una polémica extendida en contra de las alternativas en vez de ser una presentación positiva del restrictivismo.

Pero, es posible que no podemos encontrar en ningún lugar una presentación clara y cuidadosa del restrictivismo precisamente por la dificultad de hacer una presentación convincente. En esta breve intervención quisiera demostrar que el restrictivismo, tal como ha sido presentado por Nash, es una posición incoherente y que la mayoría de sus afirmaciones no son sostenibles bíblicamente.

Nash tiene razón, sin embargo, en algunos puntos básicos. Como es mi costumbre, comenzaré con los puntos positivos.

1º. La fe en Jesucristo es el fundamento de la salvación personal. Así como enseñaron los reformadores, la fe salvadora es el conocimiento de Cristo y la confianza en él. Las múltiples afirmaciones del Nuevo Testamento que enumero en mi capítulo son evidencia de esto. Puesto que todos los seres humanos tienen una naturaleza caída, la venida del eterno Hijo de Dios es buena nueva para el pecador que, aparte de esta revelación, no conoce a su Salvador.

2º. La "revelación general" proviene de la gracia común de Dios con fines distintos a la salvación personal. En el esquema de la historia bíblica, el pacto noético fue dado para sostener el mundo rebelde con pequeños destellos de luz y poder mientras que Dios nos preparaba para la obra salvífica de Cristo.

3°. Sin lugar a duda, el acento de la Escritura cae en la fe personal que se asocia con la decisión de fe en esta vida y no en la venidera.

4°. El método fundamental de encontrar respuestas bíblicas al dilema del destino de los no evangelizados es la exégesis.

No obstante las bondades del argumento de Nash, existen también en su argumento varios huecos. Primero, consideraremos algunas de las premisas latentes en el pensamiento de Nash. Como estas no han sido desarrollados por completo en el capítulo, me tomaré la libertad de recurrir a algunas otras obras del mismo autor.

1°. El plan salvador de Dios es de salvar a algunas personas por medio de la persona y la obra de Cristo. El resto de la raza humana no tiene acceso a la salvación.

2°. "Ninguno puede ser salvo a menos que conozca la verdad acerca de la persona y obra de Cristo tal como es registrada en los evangelios y a menos que responda a ese mensaje en fe."[1] El acto de fe se puede realizar únicamente antes de la muerte.

3°. Junto a su afirmación de estos puntos, Nash inserta una pequeña postdata. Queda el enigma de los niños que mueren antes de la edad de conciencia. Pueden ser salvos (¡son salvos!) sin hacer una decisión consciente de fe. También quedan los que tienen discapacidades mentales y que son incapaces de hacer una decisión consciente. Ambos "son incluidos en el círculo de la gracia salvadora de Dios."[2] Y, por cierto, hay otra excepción: "Enfrentado con la pregunta acerca del destino de los no evangelizados, un restrictivista astuto dirá que no sabe la respuesta."[3]

La lógica en el argumento teológico, punto que

Nash defiende a capa y espada, debe obedecer la ley de la no contradicción. Mi primera pregunta para Nash es ¿en qué forma se puede decir que no hay una contradicción entre las afirmaciones en el punto 2 y las del punto 3? No pueden ser ciertas ambas posiciones. O bien la fe explícita en Jesús es necesaria para la salvación o bien la salvación de los niños, las personas con discapacidades mentales y los no evangelizados pueden tener salvación.

La ironía es que el abandono de la necesidad de una fe explícita en Jesús en punto 3 coloca a Nash en el mismo campo inclusivista que ataca por no requerir el conocimiento y la confianza en Jesús. Si consideramos los altos índices de la mortalidad infantil desde el albor del mundo y la flexibilidad en el agnosticismo de Nash con respecto al destino de los no evangelizados, pudiera ser que el cielo esté mucho más poblado de lo que él suele admitir. Aun los modelos de inclusivismo y perseverancia divina admiten la posibilidad de que los que reciben el mensaje o bien a través de la revelación general o bien después de la muerte lo pueden rechazar. La posición de Nash no admite tal ejercicio de la elección humana.

De Regreso a 1 de Pedro

La crítica principal de Nash a la perspectiva de la perseverancia divina tiene que ver con su falta de consideración exegética de 1 Pedro 3 y 4 y con su inhabilidad de hacer una exégesis convincente del material "impertinente" en 1 Pedro 4:1-5.

En mi capítulo, he presentado una exégesis cuidadosa de los pasajes en cuestión. Allí demostré que la predicación de Cristo a los no alcanzados del pacto noético (3:19-20 y 4:6) fue una penetración de la muerte por Jesús que muestra su perseverancia hasta el final. Esta obra de penetración al mundo de los muertos es semejante a su victoria sobre la muerte en la resurrección que ha sido la fuente incontestable de esperanza de millares de cristianos. Tenemos, pues, dos palabras de esperanza escatológica: una para los que sufren en este mundo y otra para los que no han sido alcanzados.

Los imperativos en 4:1-5 naturalmente acompañan los imperativos para los que sufren a lo largo de la epístola. El nuevo estado en Cristo, anima al que sufre a permanecer en él. El no permanecer sería volver al antiguo estado así como los que conocieron el pacto noético pero no lo observaron. El que ha escuchado el evangelio no deberá abandonarlo. Los que están bajo el pacto noético no han escuchado el evangelio, así que lo deberán escuchar por primera vez y responder de forma adecuada.[4]

Dios y las Escrituras

En resumidas cuentas, las diferencias entre la postura formal del restrictivismo (o sea, ausente las concesiones admitidas por Nash) y la postura de la perseverancia divina tiene que ver fundamentalmente con el entendimiento de la naturaleza de Dios y con las perspectivas en torno a la interpretación de las Escrituras.

La interpretación canónica de la Biblia siguiendo la analogía de la fe propone que las buenas nuevas del evangelio se tratan de un Dios justo que perdona al pecador a través del sacrificio de Cristo por medio de la fe en él. Puesto que Dios es justo y amoroso, a nadie se le negará oír las buenas nuevas. Dios no excluye a nadie ni le quita a nadie la oportunidad de hacer una decisión por Cristo. "Todo el que quiera" dicen las Escrituras.

Esta interpretación de las Escrituras constituye un entendimiento de la naturaleza de Dios distinto al del restrictivista que limita el amor de Dios a un segmento pequeño de la raza humana y que depende exclusivamente del esfuerzo humano en comunicar el evangelio. En nuestra interpretación, lo que nosotros no podemos hacer, Jesucristo hará. La divina perseverancia, entonces, reconoce tanto la anchura como la extensión de la misericordia de Dios. El amor de Cristo penetra aun la barrera de la muerte para alcanzar a los suyos con la proclamación de la Palabra.

La Cuestión de las Misiones

¿Hubiera sido mejor que el misionera se quedara en casa? Pues ¡claro que no! En primer lugar, la salvación por medio de la fe trae multitudes de bendiciones en esta vida. "Mas el fruto del Espíritu es amor, gozo, paz, paciencia, benignidad, bondad, fe, mansedumbre, templanza" (Gálatas 5:22-23). Aunque a los no evangelizados no se les quitará la oportunidad de la salvación eterna, sí perderán los gozos y beneficios de la salvación temporal. El misionero que ha encontrado una perla de gran precio lo querrá compartir ahora mismo.

En segundo lugar, el rehusar el llamado misionero del Espíritu Santo resultará en una responsabilidad dolorosa para el misionero en el día de juicio. En tercer lugar, si un individuo rechaza el evangelio ¿qué diferencia hay entre rechazarlo ahora por boca de un misionero o rechazarlo en la ultratumba por boca de Cristo? La proclamación misionera, lejos de cerrar opciones, amplía las posibilidades de las bendiciones de la salvación aquí y ahora.

Además, Dios es justo. El mensaje de Cristo proclamado en la ultratumba no es más fácil de aceptar que el mismo mensaje proclamado en la tierra. El sugerir que el misionero postergue su viaje debido a la obra de Cristo en la ultratumba constituye una violación de la justicia de Dios.

Debido a las tres razones citadas en mi capítulo, la perspectiva de la perseverancia divina no es un desincentivo al evangelismo. El llamado verdadero de proclamar el evangelio proviene de estos incentivos:

o   El testimonio interno del Espíritu Santo
o   El testimonio externo de las Escrituras – la
    obediencia a la gran comisión (Mateo 28:19)
o   El conocimiento de la bendición de las vidas
    transformadas que vienen como resultado del
    evangelismo fiel y fructífero

Romanos 10:9-10, Hecho 4:12 y Juan 14:6 constituyen la base de las convicciones bíblicas en cuanto a la salvación. Los adherentes de la perseverancia divina creen firmemente en la veracidad de estos pasajes. Su interpretación concuerda con la interpretación del cristianismo histórico. La salvación personal es inseparable de una confesión de Jesucristo (Hechos 4:12; Romanos 10:9-10). Jesús es el camino, la verdad y la vida (Juan 14:6) – realizó la obra redentora singular de Dios (reconciliación), reveló el mensaje singular de Dios (revelación) y realizó la liberación singular de Dios (salvación).[5] Es un error decir que esta postura es "una visión totalmente novedosa de la salvación."

La Cuestión de la Revelación

Mientras que la idea de la evangelización post-mortem se fundamenta en creencias esenciales evangélicas como acabo de demostrar, sí muestra afinidades con la creencia del puritano John Robinson que de la Palabra de Dios sale siempre luz y verdad nueva. La iglesia cristiana debatió los asuntos de la Trinidad y de la persona de Cristo por cientos de años. Sin embargo, después de muchos años de controversia se ha llegado a una visión clara y contundente sobre estos asuntos. El crecimiento en el conocimiento de la verdad toma tiempo.

En cada caso de nueva luz y verdad, las ideas frescas siempre están conectadas a las ideas antiguas. Son parte de una trayectoria que proviene del pasado, que mantiene su curso y que se extiende al futuro. La afirmación de la perseverancia divina, entonces, no es un cambio radical. Es, más bien, un paso adelante en continuidad con la enseñanza histórica de la iglesia. Es una verdad bíblica que anteriormente estaba latente en la Escritura pero que ahora está patente.

La Cuestión de la Fe

El comentario final de Nash acerca de Pablo se dirige específicamente a los inclusivistas. Sin embargo, las fallas en su lógica deben ser anotadas aquí. Su argumento presupone que la vida justa de Saulo es equivalente a la fe salvadora de Pablo. La mayoría de los inclusivistas que yo conozco, incluyendo algunos católicos romanos como Karl Rahner – distinguen claramente entre el moralismo y la fe implícita. El celo, la creencia y las buenas obras no son equivalentes a una confianza corazonada en Dios. Los rahnerianos y los inclusivistas se refieren precisamente a este tipo de confianza cuando hablan de la fe salvadora, ya sea en su expresión de la fe cristiana o en su expresión de la fe más amplia.

Ronald Nash tiene razón en lo que afirma pero se equivoca en lo que rechaza. Tiene razón al afirmar la necesidad de la fe en Cristo para la salvación personal. Se equivoca, en mi opinión, cuando niega el testimonio escritural de Cristo en su promesa de hacer disponible la oferta de salvación a todo el que quiera.

NOTAS

Introducción/Sanders

1. Para más información sobre el pensamiento apologético de Agustín de Hipona ver *El Pensamiento Apologético de Agustín* (Tampa, FL: Editorial Doulos, 2015)

2. Citado por San Agustín en su carta a Deogratias. Ver Phillip Schaff, ed. *Nicene and Post-Nicene Fathers,* series 1 (Grand Rapids, MI: Eerdmans, 1983), 1:416.

3. Estas cifras provienen de la *World Christian Encyclopedia* citado en *World Evangelization* 16 (1989): 40.

4. John Hick. *The Myth of God Incarnate* (London: SCM Press, 1977).

5. Esta es la razón por la cual acuñé el término *restrictivismo* en mi libro *No Other Name: An Investigation into the Destiny of the Unevangelized* (Grand Rapids, MI: Eerdmans, 1992). Se necesitaba otro término para distinguir el exclusivismo de la creencia que la salvación se limita únicamente a aquellos que escuchan el evangelio a través de un agente humano y confían en Jesús antes de morir. Por eso, el restrictivismo es una sub-categoría del exclusivismo pero los términos no son idénticos.

6. Ver Carl F. H. Henry, "Is it Fair?" en *Through No Fault of Their Own? The Fate of Those Who Have Never Heard,* ed. James Sigountos y William Crockett (Grand Rapids, MI: Baker Book House, 1991), pp. 245-255 y Karl Barth *Church Dogmatics* 4/3 (Edinburgh: T&T Clark, 1936-1969), pp. 461-478.

7. Cada una de estas posiciones se describe en detalle, y con referencias exhaustivas, en mi libro *No Other Name*.

8. Ver *No Other Name*, pp. 20-25 para más información.

9. He documentado el hecho de que personas de una gran variedad de denominaciones y categorías teológicas sostienen diferentes perspectivas en cuanto al destino de los no evangelizados en mi libro *No Other Name*.

Inclusivismo/Sanders

1. San Agustín, *The City of God,* trans. Marcus Dodds (New York: Random House, 1950), p. 783 (21.12).

2. William Shedd, *Dogmatic Theology*, 3 vols. (Grand Rapids MI: Zondervan), 2: 712. Shedd admite que algunos calvinistas afirman que el número de elegidos es pequeño a comparación de los perdidos, pero cita un buen número de calvinistas contemporáneos que afirmaban una esperanza amplia junto con él.

3. B.B. Warfield, "Are they few that be saved?" en *Biblical and Theological Studies* (Philadelphia: Presbyterian and Reformed, 1952), p. 350. Las rutas por las cuales llegan Shedd y Warfield a esta conclusión son bastante diferentes. Shedd cree que el número de los salvos será grande porque las personas pueden ser salvos sin el conocimiento de Cristo. Warfield rechaza esta idea

pero afirma la doctrina post-milenial que un gran auge de conversiones ocurrirá en el futuro que sobrepasará el número de perdidos en generaciones anteriores. En total, habrá más salvos que perdidos.

4. Ver John Davis, *Moses and the Gods of Egypt* (Grand Rapids MI: Baker Book House, 1971), pp. 84-128; y Nahum Sarna, *Exploring Exodus* (New York: Schoken Books, 1987), pp. 78-80.

5. Ver Roger Forster y Paul Marston, *God's Strategy in Human History* (Minneapolis: Bethany House, 1973); y Walter Kaiser, "Exodus" en *Expositor's Bible Commentary,* vol 2 (Grand Rapids MI: Zondervan, 1990).

6. La expresión del amor angustiado de Dios es muy diferente a la visión de Jonatán Edwards que Dios odia al pecador: "El Dios que te sostiene sobre el pozo infernal, así como si sostuviera una araña u otro insecto repugnante, te aborrece ... eres diez mil veces más abominable en sus ojos que la serpiente más venenosa es en nuestros ojos." Tomado de "Sinners in the Hands of an Angry God," en *The Works of Jonathan Edwards*, 2 vols (Carlisle PA: Banner of Truth Trust, 1986), 2:10.

7. Esto lo atribuyo a Kenneth E. Bailey, *Poet and Peasant and Through Peasant Eyes: A Literary-Cultural Approach to the Parables in Luke*, (Grand Rapids MI: Eerdmans, 1990), pp. 158-206.

8. Esto lo atribuyo a Robert Capon, *The Parables of Judgement* (Grand Rapids MI: Eerdmans, 1989).

9. Para más detalles sobre eso y una discusión de la parábola sinóptica en Lucas ver Bailey, *Poet and Peasant,* 2:88-113.

10. Ver F. F. Bruce, *The Hard Sayings of Jesus* (Downers Grove IL: Inter-Varsity Press, 1983), pp. 202-204; y Warfield "Are They Few?"

11. Capon, *Parables of Judgement*, p. 125.

12. Ibid., p. 165.

13. Ver Warfield, "Are They Few?" pp. 342-43.

14. No me interesa aquí defender la idea de que hay más salvos que perdidos, pero más bien quiero demostrar que los textos que indican los pocos no excluyen una esperanza amplia. Si comparamos los pasajes que indican que pocos serán salvos con los que indican una esperanza amplia, surgen tensiones cuando se les da una interpretación restrictivista. Ver Capon, *Parables of Judgement*, pp. 170-71 y Robert Capon, *The Parable of Grace* (Grand Rapids MI: Eerdmans, 1988), p. 109.

15. Mi argumento se basa en el amor que tiene Dios a los pecadores y no en base a lo que aparenta ser justo. Aquí me opongo tajantemente a Carl Henry en su ensayo "Is It Fair?" en *Thorugh No Fault of Their Own?* Ed. William Crockett y James Sigountos (Grand Rapids MI: Baker Book House, 1991), pp. 253-55.

16. Existen variedades del inclusivismo, desde la visión más liberal de Rahner hasta visiones más conservadoras como la de Pinnock. Esta última se asemeja más a mi visión. Para más información sobre estas diferencias ver "Evangelical Responses to Salvation Outside the Church," *Christian Scholar's Review* 24 (Septiembre 1994): 45-58. Mikka Ruokanaen ha demostrado que mi versión armoniza con el consejo del Segundo Vaticano mientras que la versión de Rahner es mucho más amplia. Ver su *The Catholic Doctrine of Non-Christian Religions According to the Second Vatican Council* (Leiden: E.J. Brill, 1992).

17. Citado en "Have They Not Heard?" *Eternity,* December 1976, p. 15.

18. Esto es un problema grave para los dispensacionalistas restrictivistas porque surge la pregunta del destino de los que viven entre las dispensaciones. ¿Cuándo es que los nuevos requisitos de un contenido específico de salvación entran en efecto? ¿En la resurrección? ¿En la ascensión? Y ¿qué si un judío muere un mes antes de la resurrección pero nunca escuchó de Jesús? ¿Qué del gentil que temió a Dios pero que murió un año después de la ascensión? ¿Se condenan porque no escucharon el nuevo contenido requerido para la salvación? ¿Si hay un período de gracia para aquellos que están bajo una dispensación previa, por qué no la hay para los no evangelizados que están cinco o seis dispensaciones atrasados?

19. G. Campbell Morgan, *The Acts of the Apostles* (New York: Revell, 1924), p. 281.

20. Estas observaciones se las debo a Terrance Tiessen.

21. A. H. Strong. *Systematic Theology.* (Philadelphia: Judson Press, 1947), p. 842.

22. Ver Marilyn McCord Adams, "Philosophy and the Bible: The Areopagus Speech," *Fiath and Philosophy* 9 (Abril 1992): 135-49; Bruce Winter, "In Public and in Private: Early Christian Interactions with Religious Pluralism," en *One God, One Lord in a World of Religious Pluralism*, ed. Andrew Clarke y Bruce Winter (Grand Rapids MI: Baker Book House, 1992), pp. 112-34.

23. Don Richardson, *Eternity in Their Hearts* (Ventura CA: Regal Books, 1981).

24. C.S. Lewis. *Mero Cristianismo.* (New York: HarperOne, 2006), p. 176. Ver también p. 65. Lewis creía que Dios obra por medio de sueños, leyendas y la conciencia para alcanzar a los perdidos (p. 54).

25. Citado en Evan Gibson, *C.S. Lewis: Spinner of Tales* (Grand Rapids MI: Eerdmans, 1980), p. 216.

26. C.S. Lewis, *La Ultima Batalla* (Grand Rapids, MI: Zondervan, 2005), pp. 164-165. Se puede encontrar más información en C.S. Lewis, *God in the Dock* (Grand Rapids, MI: Eerdmans, 1970) p. 111, donde Lewis sostiene que el "rechazo honesto" de Cristo se puede perdonar.

27. Para más detalles ver mi artículo "Mercy to All: Romans 1-3 and the Destiny of the Unevangelized," *Proceedings of the Wheaton Theology Conference*1, no. 1 (1992): 216-28.

28. Pablo dice lo mismo en Efesios 2:1-5 donde se refiere a "nosotros" (judíos y gentiles) como muertos en pecados y delitos pero que Dios nos hizo vivos en la obra de Jesús. Por eso si usamos este pasaje para condenar al gentil no evangelizado, también lo tendríamos que aplicar al judío premesiánico.

29. Ramesh Richard, *The Population of Heaven* (Chicago: Moody Press, 1994), p. 113.

30. Ver San Agustín, *Sobre los méritos y el perdón del pecado* y *Sobre el bautismo infantil.*

31. Tomado de David Edwards y John Stott, *Evangelical Essentials* (Downers Grove IL: InterVarsity Press, 1988), p. 327.

32. John Hick, *The Metaphor of God Incarnate: Christology in a Pluralistic Age* (Louisville KY: Westminster/John Knox, 1993), p. 88.

Respuesta a Sanders/Fackre

1. Para una discusión más extensa ver George A. Lindbeck, *The Nature of Doctrine: Religion and Theology in a Postliberal Age* (Philadelphia:

Westminster Press, 1984), pp. 30-45.

Respuesta a Sanders/Nash

1. Me asombra el lenguaje que sugiere que Dios estaba intentando convertir al faraón. Sanders y otros inclusivistas no se molestan con el uso de tal lenguaje pero me parece que revela una impotencia por parte de Dios.

2. La verdad y el conocimiento son dos lados de la misma moneda. Sin la verdad, el conocimiento proposicional es imposible. El análisis filosófico usual del conocimiento incluye el hecho de que las proposiciones que uno cree son verdaderas. Si alguien creen una proposición falsa, es imposible que esa creencia llegue a la estatura de conocimiento.

3. J. Gresham Machen. *El Cristianismo y el Liberalismo* (Tampa FL: Editorial Doulos, 2014).

4. Para una discusión larga de la posición que Sanders critica ver Ronald Nash, *Christian Faith and Historical Understanding* (Richardson TX: Probe, 1992), capítulo 8 y Ronald Nash, *The Word of God and the Mind of Man* (Phillipsburg NJ: Presbyterian & Reformed, 1992).

5. Un análisis detallado de las antiguas formas del gnosticismo se encuentra en mi *The Gospel and the Greeks* (Richardson TX: Probe, 1992), parte 3.

6. La revelación general nos puede atraer de la manera en que C.S. Lewis en su libro *Mero Cristianismo*. Podemos descubrir la ley moral dentro de nosotros y llegar a conciencia de nuestra culpabilidad debido a la inhabilidad de reflejar la ley en nuestra conducta. Tambien podemos cobrar conciencia de que el orden moral del universo no puede ser producto de una federación politeísta. Si reconocemos la existencia de una ley moral que trasciende nuestro ser y que nos obliga a conducirnos de cierta manera, entonces el Creador tiene que ser la fuente de la ley moral.

Perseverancia Divina/Fackre

1. Para un resumen sobre los sucesos históricos en Norteamérica durante el siglo XIX ver Thomas P. Field, "The Andover Theory of Future Probation," *The Andover Review* 7 (1887): 461-75 y Andover Seminary, *The Andover Case* (Boston: Stanley & Usher, 1887).

2. La definición de la identidad de Cristo en relación a Dios sostenida por la mayoría de los cristianos se resolvió en el Consejo de Calcedonia de 451 dC.

3. Para una explicación detallada de la perseverancia en el "orden de la salvación" ver John Murray, *La Redención consumada y aplicada* (Grand Rapids MI: Libros Desafío, 2009).

4. Benjamin W. Robinson, "First Peter" en *The Abingdon Bible Commentary*, ed. Frederick Carl Eiselen, Edwin Lewis y David Downey (New York: Abingdon Cokesbury, 1929), p. 1342.

5. Desde el más conservador – Henry Haley *Manual Bíblico de Halley* (Grand Rapids MI: Zondervan, 2011) – hasta el más crítico Edward Schillebeeckx, *Christ: The Experience of Jesus as Lord,* trad. John Bowden (New York: Seabury Press), pp. 223-37.

6. Ver Dorothy y Gabriel Fackre, *Christian Basics* (Grand Rapids MI: Eerdmans, 1993).

7. John Sanders, *No Other Name: An Investigation into the Destiny odf the Unevangelized* (Grand Rapids MI: Eerdmans, 1992), pp. 183-84.

8. Para un resumen del pensamiento luterano actual ver George Lindbeck,

"Fides Ex Auditu and the Salvation of Non-Christians: Contemporary Catholic and Protestant Positions," en *The Gospel and the Ambiguity of the Church*, ed. Volmos Bajta (Minneapolis: Fortress, 1974) y George Lindbeck, *The Nature of Doctrine: Religion and Theology in a Postliberal Age* (Philadelphia: Westminster Press, 1984), pp. 46-72.

9. Citado en *The Andover Theory* pp. 469-72.

10. Ahora los católicos y los luteranos han entrado en diálogo sobre este asunto. De hecho, han producido una afirmación común diciendo que ahora hay más consenso que en el pasado. Ver T. Austin Murphy y Jospeh A. Burgess, ed. *Justification by Faith*, Lutherans and Catholics in Dialogue 7 (Minneapolis: Augsburg, 1985).

11. Por ejemplo, las obras de Ladislaus Boros, especialmente *The Mystery of Death*, trad. Gregory Bainbridge (New York: Herder & Herder, 1965). También ver la discusión de Edmund Fortman en su *Everlasting Life After Death* (New York: Alba House, 1976), pp. 78-82, 154-55. También Karl Rahner, *On the Theology of Death* trad. Charles Henkey (Londres: Burns & Oates, 1961), 36-39.

12. Karl Barth, *Church Dogmatics* 4/3, pt I, trad. Geoffrey Bromiley y T.F. Torrance (Edinburgh: T&T Clark, 1961), pp. 477-78.

13. Charles Hodge, *Teología Sistemática de Charles Hodge* (Tarrasa: CLIE, 2010).

14. Donald Bloesch, *Essentials of Evangelical Theology* (San Francisco: Harper & Row, 1978) 2:226-28 y Donald Bloesch "Descenso al infierno" en *Diccionario Teológico de la Biblia* (Nashville: Grupo Nelson, 2000).

15. John Macquarrie, *Christian Hope* (New York: Seabury Press, 1978) pp. 121-4, 213-220.

16. Entre los ecuménicos: Carl Braaten, *The Flaming Center: A Theology of Christian Mission* (Philadelphia: Fortress, 1977), p. 117; Brian Hebblethwiate, *The Christian Hope* (Grand Rapids MI: Eerdmans, 1984) pp. 213-20; Russell F. Aldwinckle *Jesus: A Savior or the Savior? Religious Pluralism in Christian Perspective* (Macon GA: Mercer University Press, 1982), pp. 179-215. Entre los evangélicos: Stephen T. Davis, "Universalism, Hell and the Fate of the Ignorant," *Modern Theology* 6 (January 1990): 173-86. Para una exégesis a fondo de 1 Pedro 3:19-20 y 4:6 ver Leonhard Goppelt *A Commentary on 1 Peter* ed. Ferdinand Hahn, trad John Alsup (Grand Rapids MI: Eerdmans, 1973), pp. 288-91, 255-63. El evangélico Clark Pinnock combina el evangelismo escatológico y el inclusivismo de una forma singular en su libro *A Widenesss in God's Mercy: The Finality of Jesus Christ in a World of Religions* (Grand Rapids MI: Zondervan, 1992) ver especialmente pp. 168-80.

17 Eugene Borowitz "A Jewish Response: The Lure and Limits of Universalizing Our Faith""en *Christian Faith in a Religiously Plural World*, ed. Donald G. Dawe y John B. Carman (Maryknoll NY: Orbis Books, 1978) pp 59-60.

18. Mt 8:10-13; 9:1-8, 19-38; 10:32-33; 11:27-30; 12:36-37; 17:19-20; Mc 2:5-12; 8:34-38; 9:23-25; 10:52; 11:22-26; Lc 5:20-25; 7:9-10; 8:48-50; 10:25-28; 15:7; Jn 1:12-13, 16-18; 3:3-8, 16-18, 28, 36; 4:10-14, 22, 42; 5:24; 6:29, 33-40, 47-51, 53-58, 68-69; 10:10; 11:25-26; 12:25-26, 50; 14:1-7, 23-24; 15:1-11; 17:1-5, 25-26; 20:30-31; Hc 2:36-39, 47; 3:17-19; 4:11-12; 8:21-22; 10:43; 11:13-18; 13:38-39, 48; 15:6-11; 16:30-34; 20:21, 32; 26:16-18; Ro 1:16-17; 3:21-22. 25-31; 4:3-17; 5:1-2, 8-11; 6:23; 8:28-30; 10:9-13; 11:1-6,

11, 13-14, 21-22; 1 Co 1:9, 18-19, 21-24; 3:15; 5:5; 6:9-11; 15:1; 2 Co 2:14-16; 4:4, 14; 5:18-21; 6:2; 7:9-10; 8:7-9; 10:7; 13:4-5; Ga 1:4; 2:15-16, 19-21; 3:6-14, 22-29; 4:4-7; 5:4-6; 6:8-9, 15; Ef 1:4-7; 2:3-5, 8-9, 13, 16, 18-19; 3:10-12, 17-19; 4:30-32; 5:8; Fi 2:12-13, 15-16; 3:8-11; Col 1:12-14, 20-23, 26-28; 3:1-4, 12-13; 1 Ts 1:9-10; 4:14, 16; 5:5, 23-24; 2 Ts 1:30-10; 2:10, 12; 3:1-2; 1 Tm 1:16, 19; 2:3-6; 4:1, 16; 5:8; 6:12; 2 Tm 1:5-10; 2:11-13, 15; Tit 1:1-3; 3:5-8; Hb 4:2-3; 5:9-10, 12; 6:5-6; 7:24-25; 9:14-16; 10:32-36, 39; 13:20-21; Stg 1:17-18, 21; 2:5, 20-26; 5:20; 1 Pd 1:5-9, 19-23; 2:24; 4:17-19; 5:10; 2 Pd 1:3-4, 10-11; 1 Jn 1:1-7; 2:1-3; 3:1-4, 23-24; 4:9-10, 13-15; 5:4-5, 11-33; 2 Jn 1:9; Jd 20-23; Ap 14:12

19. Ver D.M. Baillie, *God Was in Christ: An Essay on Incarnation and Atonement* (New York: Scribners, 1948), pp. 106-32.

Respuesta a Fackre/Nash

1. Efesios 4:8-9 y los otros pasajes que menciona Fackre son irrelevantes al tema se está considerando.

Respuesta a Fackre/Sanders

1. Ver, por ejemplo, Jerry Walls *Hell: The Logic of Damnation* (Notre Dame: U of Notre Dame Press, 1992).

2. Para más discusión sobre este punto ver John Sanders *No Other Name: An Investigation into the Destiny of the Unevangelized* (Grand Rapids MI: Eerdmans, 1992), pp. 227-28.

Restrictivismo/Nash

1. Gran parte de este capítulo es adaptada de Ronald H. Nash, *Is Jesus the Only Savior* (Grand Rapids MI: Zondervan, 1994). Aparece aquí con el permiso de Zondervan.

2. Ofrezco numerosos ejemplos de estas creencias en mi libro *Great Divides* (Colorado Springs: NavPress, 1993).

3. El modalismo es la creencia errónea que las tres personas de la Trinidad no constituyen centros de conciencia distintos pero que más bien son formas distintas en que Dios se manifiesta.

4. Algunos se preguntarán porque mi análisis del inclusivismo continene tantas referencias a las obras del teólogo Clark Pinnock cuando el autor del capítulo sobre inclusivismo en este libro es John Sanders. Tanto Sanders como Pinnock son líderes en el pensamiento sobre el inclusivismo. Un análisis del inclusivismo sin referencia a Pinnock dejaría muchos temas sin tratar.

5. Los cristianos hacen una distinción entre la revelación especial y la revelación general. La revelación especial se ilustra en las manifestaciones singulares que Dios realiza con su pueblo. Es "especial" porque Dios se lo da a personas particulares en momentos y lugares determinados. La revelación también tiene una función especial: de traer al hombre a una relación salvífica con Dios. La revelación especial a la que actualmente tenemos acceso está preservado en la Biblia. La revelación general es la manifestación de Dios a todos los hombres. En Salmo 19 leemos que los cielos cuentan la gloria de Dios. En Romanos 1 leemos que el hombre puede conocer ciertos aspectos de Dios a través del testimonio de la creación. La revelación general también provee al hombre un entendimiento moral general de modo que sabe que

algunas conductas son malas.

6. Clark H,. Pinnock, "The Finality of Jesus Christ in a World of Religions," en *Christian Faith and Practice in the Modern World*, ed. Mark A. Noll y David F. Wells (Grand Rapids MI: Eerdmans, 1988), p. 159.

7. John Sanders, *No Other Name*, p. 215.

8. Ibid p. 255

9. Esto puede resultar demasiado generosos ya que algunos incusivistas como Pinnock han afirmado que el contenido cognoscitivo es independiente de la salvación.

10. Bruce Demarest, *General Revelation* (Grand Rapids MU: Zondervan, 1982), p. 248.

11. Trato la respuesta de Sanders a este punto en *Is Jesus the Only Savior?* Capítulo 8.

12. F.F. Bruce. *The Epistle of Paul to the Romans* (Grand Rapids MI: Eerdmans, 1963), p. 209.

13. Esta pregunta presupone el resultado del análisis más completo a los otros textos claves de la posición inclusivista incluídas en *Is Jesus the Only Savior?*

14. Sanders, *No Other Name*, p. 224-25.

15. Ibid, p. 225.

16. Ver Sanders *No Other Name*, pp. 225, 226 y también John Sanders "Is Belief in Christ Necessary for Salvation?" *Evangelical Quarterly* 60 (1988): 252-53.

17. Clark Pinnock *A Wideness in God's Mercy* (Grand Rapids, MI: Zondervan, 1992), p. 157.

18. Esto se trata en mayor detalle en mi libro *Is Jesus the Only Savior?*

19. Pinnock, *Wideness in God's Mercy*, p. 161.

20. Ibid, p. 94

21. Sanders, *No Other Name*, p. 254.

22. Ibid, pp. 231-32.

23. Los comentarios de Nicole son inéditos. Se han usado aquí con el permiso de Nicole.

24. Ver Sanders, *No Other Name*, p. 254.

25. Ver el análisis excelente de este capítulo en el comentario de F.F. Bruce al *Libro de los Hechos* (Grand Rapids MI: Libros Desafío, 1998).

26. Pinnock, *Wideness in God's Mercy*, p. 165.

27. Ibid, p. 96.

28. Alan Race, *Christians and Religious Pluralism* (Maryknoll NY: Orbis Books, 1982), p. 39. La interpretación que ofrece a Hechos 17 es idéntica a la de Pinnock y otros inclusivistas.

29. Para mayores detalles ver Nash, *The Gospel and the Greeks.*

30. Bruce, *Hechos*, p. 340.

31. Hechos 14:16-17 y Hechos 15 se interpretan detalladamente en Nash *Is Jesus the Only Savior?* Capítulo 9.

32. Reconozco que aquí hemos simplemente tocado la superficie en este asunto. Recomiendo el libro clásico de John Owen *La muerte de la muerte en la muerte de Cristo.* Owen provee un análisis de cada texto universalista.

33. Sanders, *No Other Name*, p. 67.

34. Sanders, "Is Belief in Christ Necessary for Salvation?", pp. 246-47.

35. Ibid, p. 248.

36. Clark Pinnock, "Acts 4:12 – No Other Name Under Heaven" en *Through*

No Fault of Their Own?, p. 110.

37. Ibid, p. 112.

38. Sanders, *No Other Name*, p. 64.

39. O sea que si Pedro hubiera querido decir que los perseguidores tenían una segunda oportunidad, esto habría animado a sus lectores a la carnalidad y no a la santidad.

40. Sanders, "Is Beleif in Christ Necessary?" p. 248.

41. Otra vez reconozco el permiso de Zondervan por usar material previamente publicado en mi libro *Is Jesus the Only Savior?* También agradezco los comentarios de Doug Geivett de Talbot Theological Seminary, RC Sproul, Mike Glodo y Roger Nicole de Reformed Theological Seminary-Orlando y de Ken Gentry Jr de Christ College en Greenville, Carolina del Sur. Ron Taber aportó ayuda invaluable en los aspectos técnicos de la elaboración del manuscrito.

Respuesta a Nash/Sanders

1. Para una bibliografía y un estudio panorámico del inclusivismo ver John Sanders *No Other Name: An Inquiry into the Destiny of the Unevangelized,* pp. 20-25, 267-80.

2. Ver Kevin Gyles, "The Biblical Argument for Slavery: Can the Bible Mislead?" *Evangelical Quarterly* 66 (January 1994): 3-17.

3. Ver también Sanders, *No Other Name*, pp. 244.46.

Respuesta a Nash/Fackre

1. Ronald Nash, *Is Jesus the Only Savior?*, p. 25.

2. Ibid, p. 135.

3. Ibid, p. 164.

4. La exégesis detallada y penetrante de Leonhard Goppelt de 1 Pedro los relaciona y los considera una declaración kerigmática del ministerio a los muertos y resucitados de Cristo. Ver Leonhard Goppelt *A Commentary on 1 Peter*, ed. Ferdinand Hahn, trad. John E. Alsup (Grand Rapids MI: Eerdmans, 1993), p. 263.

5. Para una exégesis completa de Juan 14:6 ver Gabriel Fackre, *Authority: Scripture in the Church for the World*, vol. 2 de *The Christian Story* (Grand Rapids MI: Eerdmans, 1987), pp. 254-340.

Acerca de los Autores

John Sanders (Th.D., Universidad de África del Sur) es profesor de religión en Hendrix College en Arkansas. Sus libros incluyen *No Other Name: An Investigation into the Destiny of the Unevangelized* y *The God Who Risks: A Theology of Divine Providence*. Tres de sus obras han sido galardonadas con premios de *Christianity Today*.

Gabriel Fackre es el profesor emérito Samuel Abbot de Teología Cristiana en Andover Newton Theological School en Massachusetts y es el autor de *The Christian Story*.

Ronald H. Nash (1936-2006) fue profesor de filosofía y religión por muchos años. Ejerció la docencia en Western Kentucky University, Reformed Theological Seminary y The Southern Baptist Theological Seminary. Entre sus numerosas obras se encuentran *The Gospel and the Greeks, Life's Ultimate Questions* y *Is Jesus the Only Savior?*

Colección de Estudios Apologéticos

Aquiéralos en su librería cristiana más cercana o a través de
Editorial Doulos en www.editorialdoulos.com